해피 댄스

HAPPY DANCE

국제교류협회 추천도서 · 한국무용치료협회 추천도서

춤은 가장 강력한 행복의 도구입니다.
해피댄스는 '행복을 목적으로, 행복해지 위하여 추는 새로운 춤'입니다.

심미경 · 이영희 지음

새움아트

머 리 말

사랑하는 독자 여러분!

이 책을 펼치신 여러분은 아마도 삶의 어느 지점에서 행복을 찾고 있거나, 이미 찾은 행복을 더욱 깊이 느끼고 싶으실 겁니다. 우리는 모두 행복을 갈망하며 살아가지만, 때로는 그 행복이 너무 멀리 있거나 복잡하게 느껴지기도 합니다. 하지만 행복은 거창한 것이 아니라, 우리의 일상 속 작은 움직임과 연결될 수 있습니다. 그리고 그 움직임 중 가장 순수하고 강력한 형태가 바로 '춤'입니다.

춤은 인류의 역사와 함께해 온 가장 원초적인 표현 수단입니다. 기쁨을 나누고, 슬픔을 위로하며, 공동체의 유대감을 형성하는 데 춤은 언제나 함께했습니다. 현대에 이르러 춤은 단순한 여가 활동을 넘어, 우리의 몸과 마음, 그리고 영혼을 치유하고 성장시키는 강력한 도구로 재조명되고 있습니다. 특히 '해피댄스'는 전문적인 기술이나 복잡한 규칙 없이, 오직 자신의 감정과 몸의 소리에 귀 기울이며 행복을 찾아가는 여정입니다.

이 책은 '행복한 인생을 만들어주는 해피댄스'라는 주제 아래, 춤이 우리 삶에 가져다주는 긍정적인 변화들을 이론적으로 탐구하고, 동시에 여러분이 일상 속에서 직접 행복을 춤출 수 있도록 구체적인 실천 방법들을 제시합니다. 춤이 어떻게 스트레스를 해소하고, 자존감을 높이며, 긍정적인 사고방식을 심어주는지 과학적이고 심리적인 관점에서 설명할 것입니다. 또한, 다양한 상황과 감정에 맞춰 활용할 수 있는 실질적인 댄스 가이드와 마음가짐을 공유함으로써, 여러분 각자의 '해피댄스'를 찾아가는 데 든든한 동반자가 되고자 합니다.

춤은 누구나 할 수 있습니다. 몸치라고 생각하는 사람도, 춤을 배워본 적 없는 사람도, 심지어 몸이 불편한 사람도 자신만의 방식으로 춤을 출 수 있습니다. 중요한 것은 완벽한 동작이 아니라, 움직임을 통해 느끼는 즐거움과 해방감입니다.

이 책을 통해 여러분의 삶에 춤이라는 새로운 행복의 언어가 더해지기를 진심으로 바랍니다. 자, 이제 음악을 틀고, 몸을 움직여 당신만의 행복을 춤출 시간입니다.

지은이 심미경 · 이영희

차 례

머리말 ·· iii
차 례 ··· iv

프롤로그 왜 우리는 춤을 춰야 하는가? ································· 1

01. 행복을 찾아 헤매는 현대인 ·· 3
02. 춤, 가장 원초적인 행복의 언어 ·· 5
03. 해피댄스의 정의 ··· 7
04. 해피댄스의 필요성 ··· 10
05. 해피댄스의 방향 ··· 13

제1부 해피댄스의 효과 ·· 15

제1장 춤과 뇌 과학 – 행복 호르몬의 비밀 ································ 17
01 도파민 분비와 행복감 ··· 19
02 세로토닌 분비와 마음의 평온 ·· 22
03 엔도르핀 분비와 통증 완화, 행복감 ·· 25

제2장 춤과 심리학 – 내면의 치유와 성장 ································ 29
01 몸으로 표현하는 감정 춤을 통한 자기표현 ······························· 31
02 자존감 향상 ·· 33
03 자신감 향상 ·· 36
04 우울감 감소 ·· 39
05 무기력 감소 ·· 42

06 스트레스 감소 ·· 45
　07 불안 완화 ·· 48
　08 기억력 향상 ·· 51
　09 인지기능 향상 ·· 54
　10 마음챙김에 미치는 영향 ································ 57

제3장 춤과 신체 건강 - 활력 넘치는 삶을 위한 움직임 ········ 61
　01 유산소 운동 ·· 63
　02 근력 운동 ·· 65
　03 유연성 강화 ·· 68
　04 자세 교정 ·· 71
　05 통증 완화 ·· 74
　06 면역력 강화 ·· 77
　07 노화 방지 효과 ·· 80

제4장 춤과 사회성 - 함께 춤추는 행복 ························ 83
　01 타인과의 연결감 ·· 85
　02 공동체 의식 함양 ·· 88
　03 사회적 관계망 확장 ······································ 91

제2부 해피댄스의 실제 - 나만의 행복을 춤추는 방법 ············ 95

제5장 해피댄스 시작하기 ··································· 97
　01 해피댄스를 위한 준비와 마음가짐 ·················· 99
　02 해피댄스, 누구나 할 수 있다 ························ 102
　03 나에게 맞는 음악 찾기 행복을 부르는 플레이리스트 ······ 104

04 편안한 공간과 복장 자유로운 움직임을 위한 준비 ········ 107
　05 완벽함보다 즐거움 춤추는 마음가짐 ···························· 110

제6장 감정별 해피댄스 ·· 113
　01 우울할 때 기분 전환 해피댄스 ······································ 115
　02 불안할 때 마음 평온 해피댄스 ······································ 120
　03 무기력할 때 에너지 해피댄스 ······································ 124
　04 기억력 증강 해피댄스 ·· 129
　05 자존감 향상 해피댄스 ·· 134
　06 자신감 향상 해피댄스 ·· 139
　07 유산소 운동 해피댄스 ·· 144
　08 근력 운동 해피댄스 ·· 149
　09 유연성 강화 해피댄스 ·· 154
　10 자세 교정 해피댄스 ·· 160
　11 통증 완화 해피댄스 ·· 166
　12 면역력 강화 해피댄스 ·· 171
　13 노화 방지 해피댄스 ·· 176
　14 공동체 의식 함양 해피댄스 ·· 182

제7장 일상 속 해피댄스 활용법 ··· 189
　01 아침을 여는 해피댄스 ·· 191
　02 점심 식사 후 활력을 돋는 해피댄스 ···························· 194
　03 퇴근 후 피로 해소 해피댄스 ·· 197
　04 주말 가족/친구들과 함께하는 해피댄스 ······················ 199

제8장 해피댄스를 통한 삶의 변화 ··········· 201
01 몸과 마음의 긍정적인 변화 기록하기 ········· 203
02 댄스 커뮤니티 참여하기 ········· 208
03 지속 가능한 해피댄스 습관 만들기 ········· 209

➡ 부록 ··········· 211
01 해피댄스지도자 양성과정(2일 과정) ········· 213
02 해피댄스지도자 양성과정(40시간 과정) ········· 215

저자 소개 ··········· 219

프롤로그
왜 우리는 춤을 춰야 하는가?

01 | 행복을 찾아 헤매는 현대인

우리는 지금, 유례없는 풍요와 편리함 속에 살고 있습니다. 최신 기술은 우리의 삶을 더욱 윤택하게 만들었고, 정보는 손가락 하나로 전 세계를 연결합니다. 물질적인 측면에서만 본다면 인류 역사상 가장 '잘 사는' 시대라고 해도 과언이 아닐 것입니다. 하지만 아이러니하게도, 많은 현대인들은 역설적으로 행복을 찾아 헤매는 방황을 멈추지 못하고 있습니다.

밤낮없이 울리는 스마트폰 알림은 끊임없이 우리의 주의를 요구하고, 소셜 미디어 속 타인의 완벽해 보이는 일상은 우리의 상대적 박탈감을 부추깁니다. 넘쳐나는 정보 속에서 우리는 무엇이 진정 중요한지 갈피를 잡기 어렵고, 끊임없이 '더 나은 나'를 강요받으며 지쳐갑니다.

성공과 성취라는 목표를 향해 앞만 보고 달리다 보면, 문득 내가 왜 이렇게 바쁘게 살고 있는지, 무엇을 위해 달려가는지 혼란스러워질 때가 많습니다. 빠르게 변하는 사회 속에서 불안감은 커지고, 경쟁은 심화되어 마치 행복은 저 멀리 있는 이상향처럼 느껴지기도 합니다.

이러한 현상은 비단 개인의 문제만은 아닙니다. 사회 전체가 효율성과 생산성을 최우선 가치로 여기는 동안, 우리는 내면의 목소리에 귀 기울이는 법을 잊어가고 있습니다. 물질적인 성공과 외부의 시선에 갇혀, 진정한 만족감과 평온함을 놓치고 있는지도 모릅니다. "어떻게 하면 행복해질 수 있을까?"라는 질문은 이제 개인의 고민을 넘어, 우리 사회 전체가 함께 풀어야 할 숙제가 되었습니다.

우리는 행복을 외부에서 찾아 헤매지만, 사실 행복은 이미 우리 안에 존재할 수도 있습니다. 거창한 무언가를 성취해야만 얻을 수 있는 것이 아니라, 삶의 작은 순간들 속에서, 그리고 우리 자신과의 깊은 연결 속에서 발견될 수 있습니다. 어쩌면 우리는 너무 멀리만 바라보느라, 발밑에 놓인 작은 행복의 조각들을 미처 발견하지 못하고 있는 건 아닐까요?

02 | 춤, 가장 원초적인 행복의 언어

인류의 역사를 거슬러 올라가면, 문명이 시작되기 훨씬 이전부터 춤은 우리와 함께했습니다. 언어가 제대로 발달하지 않았던 시절에도, 인간은 몸의 움직임으로 기쁨을 표현하고, 슬픔을 위로하며, 두려움을 극복했습니다. 사냥의 성공을 축하하고, 풍년을 기원하며, 사랑을 고백하고, 죽음을 애도하는 모든 순간에 춤은 존재했습니다. 춤은 단순히 신체를 움직이는 행위를 넘어, 인간의 가장 깊은 곳에 자리한 감정과 욕구를 표현하는 가장 원초적인 언어였던 것입니다.

우리는 춤을 통해 말로 다 할 수 없는 감정들을 표출합니다. 억압된 분노는 격렬한 움직임으로, 깊은 슬픔은 느리고 절제된 동작으로, 그리고 넘쳐흐르는 기쁨은 경쾌하고 자유로운 몸짓으로 승화됩니다. 춤은 복잡한 사고 과정을 거치지 않고도, 몸이 먼저 반응하고 마음이 뒤따라 움직이는 본능적인 소통 방식입니다. 마치 아이들이 자신의 감정을 숨기지 않고 온몸으로 표현하듯, 춤은 우리 내면의 순수하고 꾸밈없는 자아를 드러내도록 돕습니다.

더욱이 춤은 개인의 행복을 넘어 공동체의 유대감을 형성하는 데도 핵심적인 역할을 해왔습니다. 함께 박수를 치고, 발을 구르며, 어깨를 들썩이는 동안 우리는 서로에게 연결되어 있음을 느낍니다. 같은 리듬 속에서 함께 움직이는 경험은 사람들 사이에 보이지 않는 다리를 놓고, 소속감과 안정감을 부여합니다. 이는 고독감과 단절감을 느끼기 쉬운 현대 사회에서 더욱 필요한 가치입니다.

현대 사회는 우리에게 끊임없이 효율성과 논리를 요구하며, 본능적인 감정 표현보다는 이성적인 통제를 강요합니다. 이러한 환경 속에서 우리는 종종 자신의 감정과 멀어지고, 몸의 소리에 귀 기울이는 법을 잊어버리곤 합니다. 하지만 춤은 이러한 억압으로부터 우리를 해방시켜 줍니다. 음악에 맞춰 몸을 흔드는 순간, 우리는 사회가 부여한 역할과 책임에서 벗어나 오직 '나' 자신으로 존재할 수 있게 됩니다. 몸이 기억하는 원초적인 즐거움과 해방감을 다시 느끼며, 잃어버렸던 활력과 생명력을 되찾게 되는 것입니다.

결국 춤은 단순히 예쁘게 보이는 기술이 아닙니다. 그것은 우리의 몸과 마음, 그리고 영혼이 자연스럽게 하나가 되는 경험이자, 내면에 숨겨진 행복의 샘을 터뜨리는 열쇠입니다. 춤은 언어로 표현할 수 없는 감정들을 자유롭게 풀어놓고, 우리를 둘러싼 세상과 진정으로 연결되게 하며, 우리가 존재하는 순간 자체에서 기쁨을 발견하도록 돕는 가장 오래되고도 강력한 행복의 언어인 것입니다. 이제 우리는 이 원초적인 언어를 다시 배우고, 삶 속에서 춤추며 진정한 행복을 이야기할 시간입니다.

03 | 해피댄스의 정의

우리가 삶에서 궁극적으로 추구하는 가치는 바로 '행복'입니다. 우리는 모두 행복을 추구하며 살아가지만, 현대 사회는 때때로 우리를 불안과 스트레스, 그리고 우울감의 늪으로 밀어 넣습니다. 바쁜 일상, 끝없는 경쟁, 그리고 넘쳐나는 정보 속에서 우리는 자신을 잃고, 진정한 행복이 무엇인지 잊어가곤 합니다.

그리고 행복은 종종 잡히지 않는 신기루처럼 느껴지기도 합니다. 물질적 풍요나 사회적 성공이 반드시 행복과 직결되지 않는다는 것을 우리는 이미 경험을 통해 알고 있습니다. 그렇다면 진정한 행복은 어디에서 오는 걸까요? 이 질문에 대한 하나의 강력한 답을 제시하는 것이 바로 '해피댄스(Happy Dance)'입니다.

해피댄스는 '행복을 목적으로, 즐거움을 최우선으로 하여 추는 춤'을 의미합니다. 이는 전문적인 기술이나 고도의 숙련도를 요구하는 댄스가 아닙니다. 특정 장르나 형식에 얽매이지 않으며, 누구나 자신의 몸과 감각이 이끄는 대로 자유롭게 움직이는 과정을 통해 내면의 행복을 발견하고 표현하는 것을 목표로 합니다.

해피댄스는 단순히 춤을 잘 추는 기술이나, 특정 장르의 춤을 의미하지 않습니다. 이는 '행복을 목적으로, 즐거움을 최우선으로 하여 추는 모든 형태의 움직임'을 포괄하는 개념입니다. 완벽한 자세나 복잡한 스텝보다는, 춤을 추는 과정에서 느끼는 몸과 마음의 자유로움, 그리고 내면의 순수한 기쁨에 집중하는 것이 해피댄스의 핵심입니다. 해피댄스는 다음과 같은 주요 특징들을 가집니다.

1. 비경쟁적이고 비판단적입니다.

해피댄스에는 '잘한다' 또는 '못한다'는 기준이 없습니다. 오직 춤을 추는 개인의 경험과 감정에만 초점을 맞춥니다. 거울 앞에서 자신의 움직임을 평가하거나, 타인의 시선을 의식하며 주저할 필요가 없습니다. 중요한 것은 완벽한 동작이 아니라, 몸이 음악에 반응하며 움직이는 그 자체의 즐거움입니다. 이러한 비판단적인 환경은 우리가 평소에 억눌러왔던 감정과 에너지를 안전하게 표출할 수 있도록 돕습니다.

2. 자기 주도적이고 자유로운 표현입니다.

정해진 안무를 맹목적으로 따라 하기보다, 자신의 기분과 몸 상태에 맞춰 즉흥적으로 움직이는 것을 권장합니다. 좋아하는 음악을 틀고 눈을 감은 채, 팔다리를 흔들거나 몸을 좌우로 흔드는 등, 몸이 이끄는 대로 자유롭게 움직이는 것이 해피댄스입니다. 이는 우리가 잃어버렸던 본능적인 움직임과 연결되고, 억압된 감정을 몸으로 표현하며 해방감을 느끼는 과정으로 이어집니다.

3. 정서적 교감과 연결을 중요시합니다.

해피댄스는 단순히 육체적인 활동을 넘어, 음악과의 깊은 교감을 통해 이루어집니다. 음악의 리듬과 멜로디에 몸을 맡기는 동안 우리는 현재 순간에 몰입하며, 내면의 감정과 더욱 깊이 연결됩니다. 또한, 필요한 경우 타인과 함께 춤을 추면서 긍정적인 에너지를 주고받고, 공동체의 유대감을 형성하여 사회적 외로움을 해소하는 데도 기여합니다.

4. 전인적 웰빙을 추구합니다.

　해피댄스는 신체적인 건강 증진(심혈관 기능 강화, 근력 및 유연성 향상 등)을 넘어서, 심리적인 안정, 정서적인 해방, 그리고 정신적인 충만함까지 아우르는 포괄적인 웰빙을 목표로 합니다. 춤을 통해 스트레스 호르몬은 감소하고 행복 호르몬(도파민, 세로토닌, 엔도르핀)은 증가하여, 우울감과 불안감을 완화하고 전반적인 기분 개선에 도움을 줍니다. 이는 삶의 질을 전반적으로 향상시키는 강력한 도구가 됩니다.

　결론적으로, 해피댄스는 '자신의 몸을 통해 내면의 행복을 탐색하고, 표현하며, 확장시키는 능동적이고 즐거운 움직임'이라고 정의할 수 있습니다. 이는 복잡한 현대 사회 속에서 우리가 잃어버리기 쉬운 순수하고 본질적인 행복을 찾아가는 가장 쉽고도 강력한 길이며, 특별한 기술 없이도 누구나 지금 당장 시작할 수 있는 행복 실천법입니다. 음악이 있는 곳이라면 어디든, 당신의 몸이 춤추고 싶어 하는 바로 그곳이 해피댄스의 무대가 됩니다.

04 | 해피댄스의 필요성

우리는 지금, 전례 없는 물질적 풍요와 기술적 발전을 누리고 있지만, 동시에 그 어느 때보다도 정신적, 정서적 어려움을 겪고 있습니다. 만성적인 스트레스, 불안감, 우울증은 현대인의 그림자처럼 따라붙으며 삶의 질을 저해하고 있습니다. 이러한 시대적 배경 속에서, '해피댄스'는 단순한 취미 활동을 넘어, 현대인이 직면한 다양한 문제들을 해결하고 진정한 행복을 찾아가는 데 필수적인 도구로 부상하고 있습니다.

1. 스트레스와 불안 해소의 강력한 탈출구

현대인의 삶은 끊임없는 정보의 홍수와 과도한 업무, 그리고 사회적 압력으로 인해 만성적인 스트레스에 시달립니다. 춤은 이러한 스트레스와 불안을 해소하는 가장 원초적이고 효과적인 방법 중 하나입니다. 몸을 움직이며 에너지를 발산하는 동안, 우리는 억압된 감정을 표출하고 긴장된 근육을 이완시킬 수 있습니다. 특히 춤을 추는 동안 뇌에서는 도파민, 세로토닌, 엔도르핀과 같은 '행복 호르몬'이 활발하게 분비되어 기분을 좋게 하고, 스트레스 호르몬인 코르티솔 수치를 낮춰줍니다. 이는 약물 없이도 우울감과 불안감을 완화하는 데 큰 도움을 줍니다.

2. 심리적 치유와 자존감 향상을 위한 자기표현의 장

춤은 언어로 표현하기 어려운 내면의 감정을 몸으로 드러내는 강력한 수단입니다. 슬픔, 분노, 좌절감과 같은 부정적인 감정들을 춤을 통해 표출함으로써 우리는 정서적 카타르시스를 경험하고, 마음의 응어리를 풀어낼 수 있습니다. 또한, 자신의 몸을 움직이고 통제하며 새로운 동작을 익히는 과정에서 성취감을 느끼고, 이는 자연스럽게 자존감과 자신감 향상으로 이어집니다. 거울 앞에서 자신의 움직임을 긍정적으로 바라보며 몸과 마음의 연결성을 강화하고, 스스로를 사랑하는 법을 배우게 됩니다.

3. 신체 건강 증진과 활력 넘치는 삶의 기반

해피댄스는 즐거움과 함께 탁월한 신체 건강 효과를 제공합니다. 춤은 유산소 운동의 한 형태로, 심폐 기능을 강화하고 혈액 순환을 촉진하여 심혈관 건강을 증진시킵니다. 또한, 다양한 움직임은 근력과 유연성을 향상시키고, 균형 감각과 협응력을 발달시킵니다. 규칙적인 댄스는 면역력을 높여 질병 예방에 기여하며, 신진대사를 활발하게 하여 만성적인 피로를 줄이고 활력 넘치는 일상을 가능하게 합니다. 몸이 건강해지면 자연스럽게 마음도 긍정적으로 변화하는 선순환이 이루어집니다.

4. 사회적 연결감 회복과 고독 해소

현대 사회는 개인주의가 심화되면서 많은 사람들이 고독감과 단절감을 느끼기 쉽습니다. 해피댄스는 이러한 사회적 고립감을 해소하고 타인과의 긍정적인 연결을 회복하는 훌륭한 매개체가 됩니다. 댄스 클래스나 동호회, 혹은 단순히 친구들과 함께 춤을 추는 동안 우리는 서로 에너지를 주고받고, 공통의 즐거움을 나누며 유대감을 형성합니다. 이는 소속감을 느끼게 하고, 사회적 관계망을 확장하여 삶의 만족도를 높이는 데 크게 기여합니다.

5. 현재에 집중하는 마음챙김(Mindfulness) 경험

춤을 추는 동안 우리는 음악의 리듬과 자신의 몸의 움직임에 온전히 집중하게 됩니다. 이는 과거에 대한 후회나 미래에 대한 불안으로부터 벗어나 '지금, 여기'

에 몰입하는 강력한 마음챙김 경험을 제공합니다. 이러한 몰입은 정신적 휴식과 평온함을 가져다주며, 복잡한 생각과 걱정으로부터 잠시나마 벗어나 온전히 자신에게 집중할 수 있는 시간을 선사합니다.

결론적으로, 해피댄스는 단순히 몸을 흔드는 행위를 넘어, 현대인이 겪는 다양한 문제들에 대한 총체적인 해결책을 제시합니다. 스트레스와 불안을 해소하고, 자존감을 높이며, 신체 건강을 증진하고, 사회적 연결감을 회복하며, 현재에 집중하는 능력을 키워줍니다. 이처럼 다층적인 긍정적 효과를 통해 해피댄스는 우리가 진정한 행복을 발견하고, 더욱 풍요롭고 활력 넘치는 삶을 살아가는 데 필수적인 활동이라 할 수 있습니다.

05 | 해피댄스의 방향

우리는 앞서 행복을 찾아 헤매는 현대인의 모습을 보았고, 춤이야말로 가장 원초적인 행복의 언어임을 확인했습니다. 이제 이 책은 여러분을 그 길로 안내하고자 합니다. 단순히 춤 기술을 가르치는 것이 아니라, 여러분 내면에 잠재된 행복을 춤을 통해서 일깨우는 '해피댄스'의 길을 제시하고자 합니다.

이 길은 전문 댄서가 되기 위한 힘난한 여정이 아닙니다. 박자를 맞추지 못하거나 몸치라고 자책할 필요도 없습니다. '해피댄스'는 완벽한 동작보다는 자유로운 움직임 속에서 발견하는 기쁨에 초점을 맞춥니다. 거울 앞에서 우아하게 자세를 잡기보다, 좋아하는 음악에 몸을 맡기고 온몸으로 행복을 느끼는 데 그 목적이 있습니다. 이 길의 핵심은 바로 '나' 자신에게 있습니다. 내 몸의 소리에 귀 기울이고, 내 감정을 솔직하게 표현하며, 나만의 방식으로 행복을 창조하는 것입니다.

우선, 이 책은 춤이 우리에게 어떤 긍정적인 영향을 미치는지 심층적으로 탐구할 것입니다. 춤이 뇌에서 행복 호르몬을 어떻게 분비시키는지, 스트레스와 불안을 어떻게 해소하는지, 그리고 자존감을 높이고 마음의 상처를 치유하는 심리적 메커니즘은 무엇인지 과학적이고 심리적인 관점에서 설명합니다.

또한, 춤이 단순한 감정 해소를 넘어 우리의 신체 건강, 즉 심혈관 기능 강화, 근력 및 유연성 향상, 면역력 증강에 어떻게 기여하는지 구체적인 사실들을 제시합니다. 이를 통해 '해피댄스'가 단순히 기분 선환을 넘어 전인적인 웰빙을 위한 강력한 도구임을 이해하게 될 것입니다.

다음으로, 이 책은 일상 속에서 '해피댄스'를 실천할 수 있는 구체적인 방법들을 안내합니다. 여러분의 감정 상태에 따라 어떤 종류의 춤이 도움이 되는지 상세히 설명합니다. 예를 들어, 우울하고 무기력할 때는 에너지를 끌어올릴 수 있는 활기찬 줌바나 K-POP 댄스를, 스트레스가 쌓여 답답할 때는 몸을 자유롭게 흔들며 해방감을 느낄 수 있는 프리스타일 댄스를 추천할 것입니다.

불안하고 초조할 때는 호흡과 움직임에 집중하며 마음의 평온을 찾을 수 있는 요가 댄스나 현대무용 기초 동작을 제시합니다. 이처럼 다양한 '해피댄스'를 통해, 독자 여러분은 어떤 상황에서든 자신에게 맞는 춤을 찾아 행복을 춤출 수 있게 될 것입니다.

마지막으로, 이 책은 '해피댄스'를 지속 가능한 행복 습관으로 만드는 법을 제시합니다. 매일 아침 5분 댄스로 하루를 활기차게 시작하거나, 점심시간에 간단한 춤으로 스트레칭하며 피로를 푸는 등, 일상생활 속에 춤을 자연스럽게 녹여내는 방법을 안내합니다. 춤을 통해 몸과 마음의 긍정적인 변화를 기록하고, 비슷한 생각을 가진 사람들과 댄스 커뮤니티에서 교류하며 행복의 시너지를 창출하는 방법도 다룰 것입니다.

제1부
해피댄스의 효과

제1장
춤과 뇌 과학
행복 호르몬의 비밀

01 | 도파민 분비와 행복감

춤은 단순히 신체를 움직이는 활동을 넘어, 우리의 뇌에 강력하고 긍정적인 영향을 미칩니다. 특히 뇌의 보상 시스템과 깊이 연결되어 있어, 즐거움과 동기 부여를 담당하는 핵심 : 신경전달물질인 도파민(Dopamine) 분비를 활성화시키는 것으로 알려져 있습니다. 이러한 도파민의 분비는 우리가 춤을 추면서 느끼는 쾌감과 행복감의 과학적인 기반이 됩니다.

도파민은 뇌에서 생성되는 신경전달물질 중 하나로, 기쁨, 즐거움, 보상, 동기 부여, 학습, 주의력 등 다양한 정신 및 신체 기능에 관여합니다. 우리가 맛있는 음식을 먹거나, 좋아하는 음악을 듣거나, 목표를 달성했을 때 뇌에서 도파민이 분비되어 쾌감을 느끼게 됩니다. 이는 우리가 특정한 행동을 반복하고 싶게 만드는 강력한 동기로 작용합니다.

따라서 도파민은 '보상'과 '쾌감'을 느끼게 하는 신경전달물질로, 목표를 달성했을 때나 즐거운 경험을 할 때 분비하여, 춤을 배우고 동작을 익히거나, 음악에 맞춰 몸을 자유롭게 움직일 때 우리는 성취감과 즐거움을 느낍니다. 이때 뇌에서는 도파민이 활발하게 분비되어 긍정적인 기분을 선사하고, 춤을 계속 추고 싶게 만드는 동기를 부여하죠. 춤을 추는 행위 자체가 보상되고, 이는 중독성 없이 건강한 방식으로 쾌감을 느끼는 경험으로 이어집니다.

춤이 도파민 분비를 촉진하는 과정

춤을 추는 동안 도파민 분비가 활성화되는 과정은 다음과 같습니다.

1) 음악적 자극과 보상

춤은 거의 항상 음악과 함께합니다. 우리가 좋아하는 음악을 들을 때 뇌의 보상 센터는 이미 활성화되어 도파민을 분비하기 시작합니다. 이때 음악의 리듬과 멜로디에 맞춰 몸을 움직이는 행위는 이러한 도파민 분비를 더욱 증폭시킵니다. 음악과 움직임의 결합은 뇌에 '즐거운 경험'이라는 강력한 보상 신호를 보내는 '쾌감 이중 플레이(pleasure double play)' 효과를 가져옵니다.

2) 성취감과 숙련

춤을 배우고 새로운 동작을 익히거나, 박자에 맞춰 몸을 조화롭게 움직이는 과정에서 우리는 작은 성취감을 느낍니다. 처음에는 어색했던 동작들이 반복적인 연습을 통해 자연스러워지고, 음악과 하나 되는 경험을 할 때 뇌는 이를 긍정적인 '보상'으로 인식하여 도파민을 분비합니다. 특히 복잡한 안무를 성공적으로 수행했을 때의 쾌감은 더욱 강렬한 도파민 분비를 유도할 수 있습니다.

3) 자유로운 표현과 해방감

해피댄스처럼 정형화되지 않은 프리스타일 춤에서는 더욱 자유로운 움직임을 통해 자신의 감정을 표현할 수 있습니다. 억압된 감정을 몸으로 분출하고, 틀에 갇히지 않고 마음껏 움직이는 과정 자체가 해방감을 선사하며 도파민 분비를 촉진합니다. 이는 자기 표현의 욕구를 충족시키고, 내면의 스트레스를 해소하는 데 기여합니다.

4) 사회적 상호작용

그룹 댄스나 파트너 댄스와 같이 다른 사람들과 함께 춤을 추는 경우, 사회적 상호작용 또한 도파민 분비에 긍정적인 영향을 미칩니다. 함께 웃고, 움직이며 교류하는 경험은 즐거움을 증폭시키고 소속감을 느끼게 하여 도파민 분비를 더욱 활성화시킵니다.

도파민 분비가 우리에게 미치는 긍정적 영향

춤을 통한 도파민 분비는 다음과 같은 긍정적인 효과를 가져옵니다.

- 기분 개선 및 행복감 증진 도파민은 직접적으로 쾌감과 즐거움을 느끼게 하여 전반적인 기분을 좋게 만듭니다.
- 동기 부여 및 활력 증가 긍정적인 보상 경험은 춤을 계속 추고 싶게 만드는 동기를 부여하며, 일상생활에서도 활력을 느끼게 합니다.
- 우울감 및 무기력감 완화 도파민 수치가 낮을 때 나타날 수 있는 우울감이나 무기력감을 춤을 통한 도파민 분비가 완화하는 데 도움을 줍니다.
- 학습 능력 및 인지 기능 향상 도파민은 학습과 기억력에도 중요한 역할을 하므로, 춤을 통해 새로운 동작을 배우는 과정은 뇌 기능을 활성화하는 데 기여합니다.

결론적으로 춤은 단순히 신체적 운동을 넘어, 뇌의 핵심 : 신경전달물질인 도파민의 분비를 촉진함으로써 우리의 기분을 개선하고, 행복감을 증진하며, 삶의 활력을 불어넣는 강력한 도구입니다. 복잡한 기술이 필요 없이, 좋아하는 음악에 몸을 맡기는 것만으로도 우리는 뇌가 선사하는 행복의 선물을 충분히 누릴 수 있습니다.

02 | 세로토닌 분비와 마음의 평온

춤은 우리의 뇌에 다양한 긍정적 영향을 미치지만, 특히 세로토닌(Serotonin) 분비에 미치는 영향은 마음의 평온과 깊은 관련이 있습니다. 세로토닌은 흔히 '행복 호르몬'이라 불리며, 우리의 기분, 수면, 식욕, 인지 기능 등 여러 중요한 생리적 과정에 관여하는 핵심적인 신경전달물질입니다.

세로토닌은 뇌의 시상하부에서 분비되며, 도파민(쾌감, 보상)과 노르아드레날린(각성, 스트레스 반응)의 활동을 조절하는 역할을 합니다. 즉, 감정의 균형을 잡아주는 '지휘자'와 같은 역할을 하는 것이죠. 세로토닌 수치가 적절하면 우리는 평온하고 안정된 기분을 느끼며, 행복감이 넘치는 상태가 됩니다. 반대로 세로토닌 수치가 낮아지면 우울감, 불안, 불면증, 초조함 등이 나타날 수 있습니다.

춤이 세로토닌 분비를 촉진하는 과정

춤이 세로토닌 분비에 영향을 미치는 주요 과정은 다음과 같습니다.

1) 반복적이고 리듬감 있는 움직임

춤의 가장 큰 특징 중 하나는 반복적이고 리듬감 있는 움직임입니다. 이러한 반복적인 신체 활동은 뇌의 특정 부위를 자극하여 세로토닌 분비를 촉진하는 것으로 알려져 있습니다. 규칙적인 걷기나 조깅과 마찬가지로, 춤의 리드미컬한 동작은 뇌를 안정시키고 마음을 차분하게 가라앉히는 효과가 있습니다. 이는 명상을 할 때 뇌파가 안정되는 것과 유사한 방식으로 작용하여 정서적 평온함을 가져다줍니다.

2) 스트레스 감소 및 긴장 완화

춤은 몸과 마음의 긴장을 완화하는 데 큰 도움이 됩니다. 스트레스를 받으면 뇌에서는 코르티솔과 같은 스트레스 호르몬이 분비되고, 이는 세로토닌 수치를 저하시킬 수 있습니다. 하지만 춤을 추면서 몸을 움직이고 에너지를 발산하면 스트레스가 줄어들고, 그 결과 세로토닌 분비가 증가하여 기분 개선에 기여합니다. 춤을 통한 신체 활동은 신체적, 정신적 긴장을 풀어주는 훌륭한 방법입니다.

3) 햇볕 노출과의 시너지(야외 댄스 시)

세로토닌 분비는 햇볕과도 깊은 관련이 있습니다. 충분한 햇볕 노출은 세로토닌 합성을 촉진하는 중요한 요소입니다. 만약 야외에서 춤을 추거나, 햇볕이 잘 드는 실내에서 춤을 춘다면, 춤을 통한 신체 활동 효과와 햇볕으로 인한 세로토닌 합성 효과가 시너지를 일으켜 더욱 큰 긍정적 영향을 기대할 수 있습니다.

4) 긍정적인 자극과 몰입

좋아하는 음악에 맞춰 춤을 추는 동안 우리는 긍정적인 자극을 받고, 현재의 움직임에 온전히 몰입하게 됩니다. 이러한 몰입 상태는 잡념을 줄이고 정신적인 과부하를 해소하는 데 도움을 줍니다. 마음이 편안하고 안정된 상태가 되면 세로토닌 수치도 자연스럽게 높아집니다.

세로토닌 분비가 우리에게 미치는 긍정적 영향

춤을 통한 세로토닌 분비 증가는 다음과 같은 이점을 가져다줍니다.
- 기분 개선 및 정서적 안정 세로토닌은 직접적으로 행복감과 평온함을

느끼게 하여 우울감과 불안감을 완화합니다.
- 숙면 유도 세로토닌은 저녁이 되면 수면 호르몬인 멜라토닌으로 변환됩니다. 따라서 낮 동안의 충분한 세로토닌 분비는 밤에 양질의 수면을 취하는 데 도움을 줍니다.
- 집중력 및 인지 기능 향상 세로토닌은 기억력과 집중력에도 영향을 미치므로, 춤을 통한 세로토닌 증가는 뇌 기능을 전반적으로 활성화하는 데 기여할 수 있습니다.
- 스트레스 관리 능력 향상 세로토닌은 감정의 균형을 잡아주어 스트레스에 대한 회복력을 높이고, 감정 기복을 줄이는 데 도움을 줍니다.

결론적으로, 춤은 신체를 움직이는 즐거움뿐만 아니라, 뇌 속의 '행복 호르몬'인 세로토닌의 분비를 활성화하여 우리의 마음을 평온하게 하고, 기분을 개선하며, 전반적인 정서적 안정감을 높이는 매우 효과적인 활동입니다. 복잡한 생각 없이 리듬에 몸을 맡기는 것만으로도 우리는 뇌가 선사하는 평화와 행복을 경험할 수 있습니다.

03 | 엔도르핀 분비와 통증 완화, 행복감

춤은 단순히 리드미컬한 움직임을 넘어, 우리 뇌의 복잡한 화학 작용에 긍정적인 영향을 미칩니다. 특히 엔도르핀(Endorphin)은 춤을 통해 우리가 느끼는 행복감, 통증 완화, 그리고 스트레스 해소에 중요한 역할을 하는 '천연 진통제'이자 '쾌감 호르몬'으로 알려져 있습니다.

엔도르핀은 '내인성 모르핀(endogenous morphine)'의 줄임말로, 뇌와 뇌하수체에서 자연적으로 생성되는 아편유사물질입니다. 이는 강력한 진통 효과와 함께 행복감, 안정감, 편안함을 유발하는 신경전달물질입니다. 고통스러운 상황이나 스트레스가 심한 상황에서 우리 몸을 보호하기 위해 분비되기도 하며, 운동선수들이 격렬한 운동 후 경험하는 '러너스 하이(Runner's High)' 역시 엔도르핀 분비와 관련이 깊습니다.

엔도르핀은 우리 몸이 스스로 만들어내는 '천연 진통제'라고 불립니다. 신체 활동을 할 때, 특히 고강도의 운동을 하거나 춤을 격렬하게 출 때 분비되어 통증을 줄이고 행복감을 느끼게 합니다. 흔히 '러너스 하이(Runner's High)'라고 불리는 현상도 엔도르핀 분비 때문인데, 춤을 추는 동안에도 이와 유사한 황홀하고 기분 좋은 상태를 경험할 수 있습니다. 엔도르핀은 신체적 피로감을 잊게 하고, 스트레스로 인한 긴장감을 완화하며, 전반적인 행복감을 고취시키는 데 큰 역할을 합니다.

춤이 엔도르핀 분비를 촉진하는 과정

춤을 추는 동안 엔도르핀이 분비되는 과정은 여러 측면에서 이루어집니다.

1) 신체적 활동과 노력

춤은 분명 신체적 활동을 요구합니다. 특히 격렬하게 춤을 추거나, 비교적 오랜 시간 동안 움직임을 지속할 때 우리 몸은 일종의 '스트레스' 상태에 놓이게 됩니다. 이때 뇌는 이 스트레스에 대항하고 통증을 완화하기 위해 엔도르핀을 분비합니다. 육체적인 노력이 클수록 엔도르핀 분비가 활발해져, 춤을 추면서 느끼는 피로감이나 근육통을 줄이고, 오히려 기분 좋은 쾌감을 느끼게 합니다. 이는 고통을 잊고 활동에 몰입할 수 있도록 돕는 진화적인 메커니즘이기도 합니다.

2) 집단 활동을 통한 유대감 형성

많은 형태의 춤은 혼자보다 여럿이 함께할 때 더욱 빛을 발합니다. 파트너 댄스, 그룹 댄스, 혹은 단순히 함께 박자를 맞추는 것만으로도 우리는 타인과의 유대감과 소속감을 느낍니다. 이러한 사회적 상호작용은 엔도르핀을 포함한 다양한 행복 관련 호르몬의 분비를 촉진하는 것으로 연구되고 있습니다. 함께 춤추고 교감하는 경험은 심리적 안정감을 제공하고, 긍정적인 감정을 증폭시켜 엔도르핀 분비에 기여합니다.

3) 음악과의 조화 및 감정 표현

음악은 춤의 필수적인 요소입니다. 리듬과 멜로디에 맞춰 몸을 움직이는 것은 뇌에 긍정적인 자극을 줍니다. 슬픈 음악에 맞춰 감정을 표현하거나, 신나는 음악에 몸을 맡겨 스트레스를 날려버리는 등, 춤은 감정을 안전하게 표출하는 통로가 됩니다. 이러한 감정적 해방감과 몰입은 엔도르핀 분비를 더욱 활성화하여 마음의 안정을 가져다줍니다.

4) 스트레스 감소와 긴장 완화

춤은 스트레스 호르몬인 코르티솔 수치를 낮추는 데 도움을 줍니다. 스트레스가 줄어들고 몸과 마음의 긴장이 이완될 때, 엔도르핀의 분비는 더욱 원활해집니다. 춤을 추는 동안 우리는 일상의 걱정거리를 잊고 현재의 움직임에 집중함으로써 정신적인 부담을 덜어낼 수 있습니다.

엔도르핀 분비가 우리에게 미치는 긍정적 영향

춤을 통한 엔도르핀 분비 증가는 다음과 같은 이점을 가져다줍니다.

- 통증 완화 만성 통증을 겪는 사람들에게 춤은 천연 진통제 역할을 하여 고통을 경감시키는 데 도움을 줄 수 있습니다.
- 행복감 및 쾌감 증진 엔도르핀은 직접적으로 즐거움과 행복감을 느끼게 하여 기분을 고양시킵니다.
- 스트레스 및 불안 감소 스트레스로 인한 신체적, 정신적 긴장을 완화하고 불안감을 줄여줍니다.
- 피로감 경감 및 활력 부여 엔도르핀은 피로감을 잊게 하고, 신체 활동에 대한 긍정적인 에너지를 불어넣어 활력을 증진시킵니다.
- 면역력 강화 엔도르핀은 면역 체계에도 긍정적인 영향을 미쳐 질병에 대한 저항력을 높이는 데 기여할 수 있습니다.

결론적으로 춤은 단순히 신체적 건강뿐만 아니라, 뇌 속의 강력한 행복 호르몬인 엔도르핀의 분비를 촉진하여 우리의 고통을 완화하고, 행복감을 증진하며, 스트레스를 효과적으로 관리하는 데 지대한 영향을 미칩니다. 음악과 함께 몸을 움직이는 단순한 행위가 우리의 몸과 마음에 이토록 놀라운 긍정적인 변화를 가져다줄 수 있다는 것은 춤이 가진 가장 큰 마법이라 할 수 있습니다.

제2장
춤과 심리학
내면의 치유와 성장

01 | 몸으로 표현하는 감정 춤을 통한 자기표현

우리는 흔히 감정을 '말로' 표현한다고 생각합니다. 하지만 인간은 말보다 훨씬 이전부터, 그리고 말과 동시에 '몸으로' 감정을 표현해 왔습니다. 춤은 이러한 몸의 언어를 가장 순수하고 강력하게 활용하는 예술이자 활동입니다. 춤은 우리가 의식적으로 인지하지 못하는 깊은 내면의 감정까지도 밖으로 표출하고, 이를 통해 심리적인 치유와 해방감을 가져다주는 데 지대한 영향을 미칩니다. 춤이 감정 표현에 기여하는 과정은 다음과 같습니다.

1. 억압된 감정의 해소와 카타르시스

현대 사회는 종종 우리에게 감정의 억압을 요구합니다. 슬픔, 분노, 좌절감과 같은 부정적인 감정들은 '적절하지 않다'는 이유로 내면에 갇히기 쉽습니다. 하지만 억압된 감정은 결국 심리적, 신체적 문제를 야기합니다. 춤은 이러한 억압된 감정들을 안전하고 건강하게 표출할 수 있는 통로를 제공합니다. 격렬하고 빠른 움직임으로 분노나 답답함을 발산하거나, 느리고 절제된 동작으로 슬픔이나 그리움을 표현하는 동안, 우리는 마치 둑이 터지듯 감정의 응어리를 풀어내고 카타르시스(Catharsis)를 경험하게 됩니다. 이는 말로는 다 풀 수 없는 감정들을 몸으로 해방시키는 과정입니다.

2. 비언어적 소통의 강화

춤은 본질적으로 비언어적인 소통입니다. 특정한 몸짓, 자세, 표정, 리듬, 속도 등을 통해 감정과 메시지를 전달합니다. 우리는 춤을 추면서 자신의 감정을 몸으로 구현하는 방법을 배우고, 타인의 춤을 보면서 그들의 감정을 이해하는 능력을 키웁니다. 이는 말로만 소통하는 것과는 다른 차원의 깊은 공감과 이해를 가능하게 합니다. 스스로의 감정을 몸으로 표현하는 능력은 자기 이해도를 높이고, 타인과의 관계에서도 비언어적인 소통 능력을 향상시킵니다.

3. 자아 발견과 자기 인식 증진

춤을 추는 동안 우리는 자신의 몸과 감각에 온전히 집중하게 됩니다. 어떤 움직임이 나에게 편안함을 주는지, 어떤 리듬에 내 몸이 더 잘 반응하는지, 어떤 감정이 지금 나의 몸을 움직이게 하는지 등을 탐색합니다. 이러한 과정은 자신의 내면과 더욱 깊이 연결되고, 미처 알지 못했던 자신의 감정이나 생각, 숨겨진 재능 등을 발견하는 계기가 됩니다. 몸을 통해 자신을 표현하면서 진정한 '나'를 찾아가는 여정이 됩니다.

4. 감정 조절 능력 향상

춤은 단순히 감정을 표출하는 것을 넘어, 감정을 조절하는 능력까지 길러줍니다. 음악의 변화에 따라 움직임의 강도나 속도를 조절하듯이, 자신의 감정 에너지를 조절하고 다루는 법을 배웁니다. 예를 들어, 불안하거나 초조할 때 차분하고 부드러운 춤으로 마음을 다독이거나, 무기력할 때 활기찬 춤으로 에너지를 끌어 올리는 연습을 할 수 있습니다. 이는 감정에 휩쓸리지 않고 스스로 감정을 다스릴 수 있는 힘을 길러줍니다.

5. 긍정적인 정서 함양

춤은 기본적으로 즐거움을 동반하는 활동입니다. 좋아하는 음악에 맞춰 몸을 움직이는 것만으로도 행복 호르몬이 분비되고 기분이 좋아집니다. 이러한 긍정적인 경험은 부정적인 감정에 압도되지 않고, 삶에 대한 긍정적인 태도를 함양하는 데 기여합니다. 춤을 통해 얻는 즐거움과 성취감은 일상생활 속에서 긍정적인 감정을 유지하는 데 큰 힘이 됩니다.

02 | 자존감 향상

    자존감은 자신을 존중하고 사랑하는 마음, 그리고 스스로를 가치 있는 존재로 여기는 태도를 의미합니다. 이는 우리의 행복과 삶의 질에 지대한 영향을 미치며, 낮은 자존감은 불안, 우울, 사회적 위축 등 다양한 어려움을 야기할 수 있습니다. 하지만 해피댄스는 단순히 몸을 움직이는 것을 넘어, 우리의 자존감을 향상시키고 스스로에 대한 긍정적인 인식을 형성하는 강력한 도구가 될 수 있습니다. 춤이 자존감에 긍정적인 영향을 미치는 과정은 다음과 같습니다.

1. 자기 신체 긍정성 증진

    해피댄스는 완벽한 몸매나 특정 동작의 숙련도를 요구하지 않습니다. 중요한 것은 자신의 몸을 있는 그대로 받아들이고, 그 몸으로 자유롭게 움직이는 것입니다. 춤을 추면서 우리는 자신의 신체가 얼마나 놀라운 능력을 가지고 있는지, 얼마나 다양하게 표현될 수 있는지 직접 경험하게 됩니다. 이는 자신의 몸을 긍정적으로 인식하고 수용하는 데 큰 도움을 줍니다. 신체에 대한 만족감과 감사함이 커질수록, 전반적인 자존감도 향상됩니다.

2. 성취감과 효능감 경험

    춤을 배우는 과정은 지속적인 도전과 성취의 연속입니다. 처음에는 어색하고 어렵게 느껴지던 동작들이 반복적인 연습을 통해 익숙해지고, 결국에는 음악에 맞춰 자연스럽게 이어질 때 우리는 큰 성취감을 느낍니다. "내가 해냈다!"라는 감정은 '나는 무언가를 할 수 있는 능력이 있다'는 자기 효능감

(Self-efficacy)을 높여줍니다. 이러한 긍정적인 경험은 춤 실력뿐만 아니라 삶의 다른 영역에서도 자신감을 가지고 도전할 수 있는 밑거름이 됩니다.

3. 긍정적인 자기표현과 인정

춤은 자신의 감정과 개성을 몸으로 표현하는 예술적인 통로입니다. 해피댄스는 특히 자유로운 표현을 강조하므로, 우리는 타인의 시선에서 벗어나 '나다운' 움직임을 만들어낼 수 있습니다. 스스로를 자유롭게 표현하고, 그 과정에서 타인의 긍정적인 피드백이나 인정을 받을 때(예 "춤추는 모습이 정말 즐거워 보여요!", "당신만의 스타일이 멋져요!") 자존감은 더욱 견고해집니다. 설령 타인의 피드백이 없더라도, 스스로의 움직임에 대한 만족감만으로도 충분히 긍정적인 영향을 받습니다.

4. 몸과 마음의 연결 강화

낮은 자존감을 가진 사람들은 종종 자신의 몸과 마음이 분리되어 있다고 느낄 수 있습니다. 춤은 몸과 마음을 통합하는 강력한 도구입니다. 음악에 집중하고, 몸의 감각에 귀 기울이며, 감정을 움직임으로 표현하는 동안 우리는 몸과 마음이 긴밀하게 연결되어 있음을 깨닫습니다. 이러한 연결감은 자신을 온전히 이해하고 받아들이는 데 도움을 주어, 내면의 자존감을 더욱 튼튼하게 만듭니다.

5. 스트레스 및 불안 감소 효과

낮은 자존감은 종종 스트레스와 불안을 동반하며, 스트레스와 불안은 다시 자존감을 더욱 떨어뜨리는 악순환을 만듭니다. 춤은 스트레스 호르몬을 줄이고 행복 호르몬을 늘려 스트레스와 불안을 효과적으로 완화합니다. 마음이 편안하고 안정될수록 자신에 대한 부정적인 생각에서 벗어나 긍정적인 자기 인식을 가질 수 있게 됩니다.

6. 사회적 소속감과 지지

댄스 클래스나 커뮤니티에 참여하여 다른 사람들과 함께 춤을 추는 것은 사회적 소속감을 느끼게 하고, 긍정적인 사회적 지지를 경험하게 합니다. 혼자라는 느낌에서 벗어나 공동체의 일원으로서 인정받고 교류하는 경험은 자존감을 높이는 데 매우 중요한 요소입니다. 함께 웃고 배우며 성장하는 과정에서 자신에 대한 긍정적인 평가를 얻게 됩니다.

결론적으로, 해피댄스는 신체 활동을 통한 건강 증진을 넘어, 자신을 긍정적으로 인식하고, 스스로의 능력을 믿으며, 자유롭게 표현하고, 타인과 연결되는 일련의 과정을 통해 자존감을 다각도로 향상시킵니다. 춤을 추는 동안 우리는 단순히 발을 움직이는 것이 아니라, 자신을 사랑하고 존중하는 마음을 몸으로 배우고 실천하게 되는 것입니다. 해피댄스를 통해 당신의 내면에 숨어있는 자신감을 꽃피우세요.

03 | 자신감 향상

　자신감은 특정 상황에서 자신의 능력과 가치를 믿는 마음이자, 어떤 일을 성공적으로 해낼 수 있다는 기대감입니다. 자신감은 삶의 질을 결정하는 중요한 요소이며, 부족할 경우 새로운 도전을 주저하게 만들고 잠재력을 발휘하는 데 걸림돌이 될 수 있습니다. 해피댄스는 단순히 즐거움을 주는 활동을 넘어, 스스로에 대한 믿음을 키우고 자신감을 향상시키는 강력한 도구가 될 수 있습니다. 춤이 자신감에 긍정적인 영향을 미치는 과정은 다음과 같습니다.

1. 성공 경험을 통한 자기 효능감 증진

　자신감은 대부분 성공 경험에서 비롯됩니다. 춤은 작은 성공의 기회를 끊임없이 제공합니다. 처음에는 어렵게 느껴졌던 스텝을 해내거나, 안무의 한 부분을 마스터하거나, 음악의 리듬에 맞춰 자연스럽게 몸을 움직이는 순간, 우리는 즉각적인 성취감을 느낍니다. 이러한 성취감은 "나는 할 수 있다"는 자기 효능감(Self-efficacy)을 높여줍니다. 춤을 통해 쌓이는 긍정적인 경험들은 '내가 무언가를 배우고 해낼 수 있는 사람'이라는 강력한 믿음을 심어주어 전반적인 자신감을 향상시킵니다.

2. 신체 긍정성 및 자기 수용 증대

　자신감 부족은 종종 자신의 외모나 신체 능력에 대한 부정적인 인식에서 시작됩니다. 해피댄스는 완벽한 몸매나 뛰어난 춤 실력을 요구하지 않습니다. 춤을 추는 동안 우리는 자신의 몸이 음악에 반응하고 자유롭게 움직이는 것을 경험합니다. 몸의 움직임을 통해 감정을 표현하고 에너지를 발산하면서, 자신의 신체를 있는 그대로 긍정적으로 받아들이는 연습을 하게 됩니다. 몸에 대한 긍정적인 인식이 커질수록, 스스로에 대한 만족감과 자신감도 함께 커집니다.

3. 자유로운 표현을 통한 자아 실현

춤은 자신을 표현하는 가장 원초적인 방법 중 하나입니다. 해피댄스는 정해진 틀에 갇히기보다, 자신의 개성과 감정을 몸으로 자유롭게 표현하는 것을 장려합니다. 타인의 시선을 의식하지 않고 나만의 방식으로 움직이는 경험은 '나' 자신을 긍정적으로 발현하는 기회를 제공합니다. 이러한 자유로운 자기표현은 내면에 잠재된 자신감을 끌어내고, '있는 그대로의 나도 충분히 괜찮다'는 확신을 심어줍니다.

4. 피드백과 인정을 통한 강화

댄스 클래스나 그룹 댄스 환경에서는 종종 긍정적인 피드백을 주고받습니다. 강사나 동료들의 칭찬("잘했어요!", "멋져요!")은 물론, 함께 춤추는 즐거움을 공유하는 과정 자체가 사회적 인정의 한 형태입니다. 이러한 긍정적인 상호작용은 '나의 춤이 타인에게도 즐거움을 주는구나', '나는 이 공동체의 일원으로서 인정받고 있구나'라는 느낌을 주어 자신감을 더욱 강화시킵니다.

5. 실수와 도전을 통한 성장

춤을 배우는 과정에는 당연히 실수도 따릅니다. 하지만 해피댄스에서는 실수를 실패로 여기기보다, 배움의 과정이자 성장의 기회로 삼습니다. 실수를 두려워하지 않고 다시 시도하는 용기는 좌절에 대한 회복탄력성을 키워줍니다. 이러한 도전과 극복의 경험은 '실수해도 괜찮아, 나는 다시 일어설 수 있어'라는 믿음을 주고, 이는 전반적인 자신감 향상으로 이어집니다.

6. 스트레스와 불안 감소로 인한 긍정적 사고

낮은 자신감은 종종 스트레스와 불안감을 동반하며, 이러한 부정적인 감정은 다시 자신감을 떨어뜨리는 악순환을 만듭니다. 춤은 스트레스 호르몬을 줄이고 행복 호르몬을 증가시켜 스트레스와 불안을 효과적으로 완화합니다. 마음이 편안하고 긍정적인 상태에서는 자신에 대한 부정적인 생각에서 벗어나, 자신의 강점과 가능성에 더욱 집중할 수 있게 됩니다.

　결론적으로, 춤은 신체 활동을 통한 즐거움과 건강 증진을 넘어, 자신의 능력에 대한 믿음을 키우고, 신체를 긍정적으로 받아들이며, 자유롭게 자신을 표현하고, 타인과의 긍정적인 상호작용을 통해 자신감을 향상시키는 강력한 촉매제가 됩니다. 해피댄스를 통해 몸을 움직이는 즐거움을 경험하는 동안, 당신의 내면에 숨겨진 자신감이 점차 깨어나고, 삶의 다른 영역에서도 빛을 발하게 될 것입니다.

04 | 우울감 감소

우울감은 현대 사회의 많은 사람들이 겪는 흔하면서도 고통스러운 감정입니다. 무기력, 슬픔, 흥미 상실, 에너지 부족 등 다양한 형태로 나타나 일상생활에 큰 영향을 미칩니다. 이러한 우울감과 싸울 때, 해피댄스는 단순히 기분 전환을 넘어, 우울감의 근본적인 원인을 다루고 심리적 회복을 돕는 강력하고 즐거운 치료법이 될 수 있습니다.

춤이 우울감 감소에 영향을 미치는 과정은 다음과 같은 여러 복합적인 요인을 통해 이루어집니다.

1. 행복 호르몬의 활성화와 뇌 화학의 변화

우울감은 종종 뇌의 신경전달물질 불균형과 관련이 있습니다. 특히 세로토닌, 도파민, 엔도르핀과 같은 행복 관련 호르몬의 수치가 낮아질 때 우울감이 심화될 수 있습니다. 춤은 이러한 호르몬들의 분비를 강력하게 촉진합니다.

- 세로토닌 기분 조절과 안정감에 필수적인 세로토닌 수치를 높여 우울한 기분을 완화하고 평온함을 가져다줍니다.
- 도파민 보상과 쾌감을 느끼게 하여 춤을 추는 동안 즐거움을 느끼게 하고, 이는 우울로 인한 흥미 상실이나 무기력감을 극복하는 데 동기를 부여합니다.
- 엔도르핀 '천연 진통제' 효과로 신체적 통증을 완화하고, 전반적인 행복감을 높여 우울감으로 인한 불쾌한 감정들을 상쇄시킵니다.

- 이러한 뇌 화학의 긍정적인 변화는 우울감 완화의 직접적인 생리적 기반이 됩니다.

2. 신체 활동을 통한 에너지 증진 및 피로 감소

우울감을 겪는 사람들은 종종 극심한 피로감과 에너지 부족을 호소합니다. 춤은 이러한 무기력의 악순환을 깨뜨리는 신체 활동입니다. 몸을 움직이고 에너지를 발산하는 동안 혈액 순환이 개선되고 신체 대사가 활발해지면서 에너지가 증가합니다. 규칙적인 춤은 수면의 질을 향상시켜 우울감의 흔한 증상인 불면증에도 도움을 줍니다. 몸이 활력을 되찾으면 자연스럽게 마음의 활력도 따라옵니다.

3. 감정 표현의 통로와 카타르시스

우울감은 종종 억압된 감정, 특히 슬픔, 분노, 좌절감이 내면에 쌓여 있을 때 심화됩니다. 춤은 말로 다 할 수 없는 복잡하고 고통스러운 감정들을 몸으로 안전하게 표현하고 분출할 수 있는 통로를 제공합니다. 격렬한 움직임으로 답답함을 쏟아내거나, 부드러운 움직임으로 슬픔을 애도하는 등, 춤을 통해 감정을 표출함으로써 정서적 카타르시스를 경험하고 마음의 짐을 덜어낼 수 있습니다. 이는 심리적인 압박감을 줄이고, 감정의 해방감을 느끼게 합니다.

4. 성취감과 자기 효능감 향상

우울감은 종종 무력감과 '나는 아무것도 할 수 없어'라는 부정적인 생각으로 이어집니다. 춤을 배우고 새로운 동작을 익히거나, 음악에 맞춰 리듬을 타는 작은 성공 경험들은 성취감을 안겨줍니다. "내가 이 동작을 해냈다!"라는 느낌은 자기 효능감(Self-efficacy)을 높여주고, 이는 우울로 인해 저하된 자신감을 회복하는 데 큰 도움이 됩니다. 춤을 통한 긍정적인 경험은 '나도 무언가를 할 수 있다'는 믿음을 심어줍니다.

5. 사회적 연결감 및 고립감 해소

우울감을 겪는 사람들은 종종 사회적으로 위축되거나 고립감을 느낍니다. 댄스 클래스나 소셜 댄스 모임에 참여하는 것은 다른 사람들과 긍정적으로 교류하고 사회적 연결감을 형성하는 좋은 기회입니다. 함께 춤을 추고 웃으며 에너지를 나누는 경험은 고독감을 줄이고 소속감을 높여 심리적 안정감을 제공합니다. 이는 우울감을 완화하는 데 중요한 사회적 지지 기반이 됩니다.

6. 마음챙김(Mindfulness)과 부정적 사고로부터의 이탈

우울감은 부정적인 생각과 반추 사고에 갇히게 할 때가 많습니다. 춤을 추는 동안 우리는 음악의 리듬과 자신의 움직임에 온전히 집중하게 되면서, 현재 순간에 몰입하는 마음챙김 경험을 하게 됩니다. 이는 우울을 유발하는 과거의 후회나 미래의 걱정에서 벗어나 정신적인 휴식을 제공하고, 부정적인 사고의 고리를 끊어내는 데 효과적입니다.

결론적으로, 춤은 우울감에 대한 다각적인 접근을 가능하게 합니다. 뇌 화학의 긍정적 변화, 신체적 활력 증진, 감정 해소, 자존감 향상, 사회적 연결감 강화, 그리고 마음챙김 경험을 통해 춤은 우울감의 증상을 완화하고, 장기적인 심리적 회복을 돕는 강력하고 즐거운 치료법이 됩니다. 우울한 마음이 들 때, 망설이지 말고 음악에 몸을 맡겨 춤을 춰보세요.

05 | 무기력 감소

무기력은 삶의 에너지가 고갈된 듯한 상태로, 아무것도 하고 싶지 않고, 의욕이 없으며, 심지어는 작은 일조차 버겁게 느껴지는 감정입니다. 이는 현대인이 흔히 겪는 어려움 중 하나이며, 장기화될 경우 우울감으로 이어지기도 합니다. 하지만 해피댄스는 이러한 무기력을 극복하고 삶의 활력을 되찾는 데 매우 효과적인 방법이 될 수 있습니다.

춤이 무기력을 해소하고 에너지를 북돋는 과정은 다음과 같습니다.

1. 에너지 상승 및 활력 증진

무기력의 핵심은 '에너지 부족'입니다. 춤은 몸을 움직여 에너지를 직접적으로 생성하고 발산하는 활동입니다. 음악에 맞춰 움직이는 동안 혈액 순환이 활발해지고, 산소 공급이 원활해지며, 신진대사가 촉진됩니다. 이는 신체적 활력을 즉각적으로 높여 무기력으로 인한 신체적 둔감함과 피로감을 줄여줍니다. 규칙적인 춤은 체력을 증진시켜 일상생활에서도 더 많은 에너지를 가질 수 있도록 돕습니다.

2. 행복 호르몬 분비로 인한 긍정적 동기 부여

무기력 상태에서는 즐거움을 느끼기 어렵고, 어떤 활동에도 흥미를 잃기 쉽습니다. 춤을 추는 동안 뇌에서는 도파민, 세로토닌, 엔도르핀과 같은 '행복 호르몬'이 왕성하게 분비됩니다.

- 도파민은 쾌감과 보상을 느끼게 하여, 춤을 추는 행위 자체가 즐거운 경험이 되도록 만듭니다. 이는 '다음에 또 춤을 추고 싶다'는 긍정적인

- 동기 부여로 이어져 무기력의 늪에서 벗어날 힘을 제공합니다.
- 세로토닌은 기분과 안정감을 조절하여 무기력으로 인한 우울감을 완화하고 마음을 평온하게 해줍니다.
- 엔도르핀은 몸의 피로감을 줄이고 전반적인 행복감을 높여, 움직임을 지속할 수 있는 에너지를 줍니다.

3. 성취감을 통한 자기 효능감 회복

무기력에 빠진 사람들은 종종 '나는 아무것도 할 수 없어'라는 무력감에 시달립니다. 춤은 간단한 스텝을 익히는 것에서부터 새로운 동작을 배우는 것까지, 다양한 수준의 성취감을 경험할 수 있는 활동입니다. 어색했던 움직임이 자연스러워지고, 음악에 맞춰 몸이 조화롭게 움직이는 것을 느낄 때 우리는 '내가 해냈다'는 자기 효능감(Self-efficacy)을 강하게 느낍니다. 이러한 작은 성공 경험들이 쌓여 무기력으로 인해 손상된 자신감을 회복하고, 다른 일에도 도전할 수 있는 용기를 북돋아 줍니다.

4. 목표 지향적인 움직임을 통한 집중력 향상

무기력한 상태에서는 집중력이 흐트러지기 쉽고, 어떤 일에도 몰입하기 어렵습니다. 춤은 음악의 리듬과 동작의 순서에 맞춰 움직여야 하므로, 자연스럽게 집중력과 주의력을 요구합니다. 춤을 추는 동안 다른 잡념이나 부정적인 생각에서 벗어나 오직 몸의 움직임과 음악에만 몰입하게 됩니다. 이러한 몰입 경험은 뇌를 활성화하고, 정신적인 활력을 되찾아 무기력으로 인한 인지적 둔화를 극복하는 데 도움을 줍니다.

5. 감정 표현과 해방

무기력은 억압된 감정, 특히 슬픔이나 분노, 답답함 등이 내면에 쌓여 에너지를 고갈시킬 때 나타나기도 합니다. 춤은 이러한 감정들을 몸으로 자유롭게 표현하고 해소할 수 있는 안전한 통로를 제공합니다. 몸을 흔들고 뛰는 격렬한 움직임이나, 느리고 부드러운 움직임을 통해 자신도 모르게 억눌렸던 감정 에너지를 발산함으로써 정서적 카타르시스를 경험하고, 마음의 짐을 덜어낼 수 있습니다.

결론적으로, 춤은 무기력을 겪는 사람들에게 신체적, 정신적, 감정적 차원 모두에서 활력을 불어넣는 총체적인 해결책이 됩니다. 에너지를 생성하고, 행복 호르몬을 분비하며, 성취감을 느끼게 하고, 감정을 표현하며, 현재에 몰입하게 함으로써 춤은 무기력의 악순환을 끊고 삶의 의욕과 활력을 되찾는 데 필수적인 역할을 합니다.

05 | 스트레스 감소

현대 사회를 살아가는 우리는 누구나 크고 작은 스트레스를 경험하며 살아갑니다. 학업, 직장, 관계, 미래에 대한 불안 등 다양한 요인들이 우리의 몸과 마음에 긴장을 안겨주죠. 이러한 스트레스는 단순한 피로감을 넘어 불면증, 우울감, 면역력 저하 등 심각한 문제로 이어질 수 있습니다. 하지만 춤은 이러한 스트레스를 효과적으로 감소시키고, 심신을 안정시키는 강력한 도구가 될 수 있습니다. 춤이 스트레스 감소에 기여하는 과정은 다음과 같은 여러 측면에서 설명할 수 있습니다.

1. 스트레스 호르몬 감소 및 행복 호르몬 증가

춤과 같은 신체 활동은 우리 몸의 스트레스 호르몬인 코르티솔(Cortisol)과 아드레날린(Adrenaline) 수치를 낮추는 데 도움을 줍니다. 동시에 뇌에서는 도파민, 세로토닌, 엔도르핀과 같은 '행복 호르몬'의 분비를 촉진합니다. 도파민은 쾌감과 보상을, 세로토닌은 안정감과 평온함을, 엔도르핀은 통증 완화와 행복감을 선사하여, 스트레스로 인한 불쾌한 감정을 상쇄하고 긍정적인 기분을 유도합니다.

2. 신체적 긴장 이완 및 에너지 발산

스트레스를 받으면 우리의 몸은 자신도 모르게 긴장하고 굳어집니다. 어깨가 솟거나 목이 뻣뻣해지고, 호흡이 얕아지는 등의 증상이 나타나죠. 춤은 이러한 신체적 긴장을 풀어주는 데 매우 효과적입니다. 몸을 자유롭게 움직이고 흔들고 뛰는 동안, 억압되었던 에너지가 발산되고 근육의 긴장이 이완됩니다. 이는 마치 쌓였던 찌꺼기를 배출하듯, 몸속의 스트레스를 밖으로 내보내는 것과 같습니다.

3. 감정 표현의 통로

말로 다 표현하기 어려운 복잡한 감정이나 억압된 분노, 슬픔 등은 스트레스의 주요 원인이 됩니다. 춤은 이러한 감정들을 비언어적으로 표현할 수 있는 안전하고 창조적인 통로를 제공합니다. 격렬한 움직임으로 답답함을 해소하거나, 부드러운 선으로 내면의 평화를 표현하는 등, 춤을 통해 자신의 감정을 자유롭게 표출함으로써 정서적 카타르시스를 경험하고 마음의 응어리를 풀어낼 수 있습니다.

4. 몰입을 통한 잡념 제거(마음챙김 효과)

춤을 추는 동안 우리는 음악의 리듬과 자신의 몸의 움직임에 온전히 집중하게 됩니다. 이러한 몰입(Flow) 상태는 과거에 대한 후회나 미래에 대한 불안, 혹은 현재의 걱정거리로부터 벗어나게 해줍니다. '지금, 여기'에 집중하는 경험은 마음을 차분하게 가라앉히고, 정신적인 과부하를 해소하여 스트레스 수준을 낮춥니다. 이는 명상을 하는 것과 유사한 마음챙김(Mindfulness) 효과를 가져다줍니다.

5. 사회적 교류를 통한 유대감 형성

함께 춤을 추는 것은 타인과의 유대감을 형성하고 사회적 지지를 얻는 좋은 방법입니다. 댄스 클래스나 그룹 댄스 활동에 참여하면서 우리는 비슷한 관심사를 가진 사람들과 교류하고, 함께 웃고 즐기며 긍정적인 에너지를 나눕니다. 이러한 사회적 상호작용은 고독감을 줄이고 소속감을 높여 심리적 안정감을 제공하며, 이는 스트레스 감소에 큰 도움이 됩니다.

결론적으로 춤은 단순히 신체적 활동을 넘어, 생리학적, 심리학적, 사회적인 여러 층위에서 스트레스 감소에 복합적으로 기여합니다. 춤을 추는 동안 우리는 스트레스 호르몬의 감소와 행복 호르몬의 증가, 신체적 긴장 이완, 자유로운 감정 표현, 그리고 현재에 대한 몰입을 경험하게 됩니다. 이러한 모든 요소들이 결합되어 우리의 몸과 마음을 스트레스로부터 해방시키고, 더욱 평온하고 행복한 상태로 이끌어줍니다.

07 | 불안 완화

현대 사회를 살아가는 많은 이들은 불확실한 미래, 사회적 압박, 개인적인 문제 등으로 인해 불안감을 느끼며 살아갑니다. 이러한 불안은 단순히 불편한 감정을 넘어, 수면 장애, 집중력 저하, 신체적 긴장 등 다양한 문제로 이어질 수 있습니다. 하지만 춤은 불안을 완화하고 마음의 평온을 되찾는 데 매우 효과적인 방법이 될 수 있습니다. 춤이 불안을 감소시키는 과정은 심리적, 생리적, 행동적 측면에서 다양하게 나타납니다.

1. 스트레스 호르몬 감소 및 신경전달물질 균형

불안은 종종 스트레스 호르몬인 코르티솔(Cortisol)의 과도한 분비와 관련이 있습니다. 춤과 같은 신체 활동은 코르티솔 수치를 낮추는 데 기여합니다. 동시에 뇌에서는 세로토닌, 도파민, 엔도르핀과 같은 신경전달물질의 분비를 촉진합니다. 특히 세로토닌은 기분 조절과 안정감에 중요한 역할을 하므로, 그 수치가 적절히 유지되면 불안감이 줄어들고 마음이 평온해집니다. 엔도르핀은 통증 완화와 함께 전반적인 웰빙감을 높여 불안으로 인한 신체적 불편감을 줄여줍니다.

2. 신체적 긴장 이완

불안감을 느끼면 우리 몸은 '투쟁-도피' 반응을 위해 근육이 긴장하고 호흡이 얕아지는 등 신체적 변화를 겪습니다. 춤은 이러한 신체적 긴장을 효과적으로 이완시킵니다. 팔다리를 움직이고 몸을 흔드는 동안, 긴장했던 근육들이 풀리고 혈액 순환이 원활해지며 깊은 호흡을 유도합니다. 이는 자율 신경계의 균형을 되찾아 심박수를 안정시키고, 신체적으로 편안한 상태를 만들어 불안감을 줄이는 데 직접적인 영향을 줍니다.

3. 마음챙김(Mindfulness)과 몰입

불안은 대개 미래에 대한 과도한 걱정이나 과거의 후회에 갇힐 때 심화됩니다. 춤을 추는 동안 우리는 음악의 리듬과 자신의 움직임, 그리고 몸의 감각에 온전히 집중하게 됩니다. 이러한 몰입(Flow) 경험은 불안을 유발하는 잡념과 걱정으로부터 잠시 벗어나 '지금, 여기'에 머무르게 합니다. 현재에 집중하는 마음챙김 효과는 정신적 휴식을 제공하고, 불안의 고리를 끊어내는 데 큰 도움을 줍니다.

4. 감정 표현의 통로

불안은 억압된 감정에서 비롯되기도 합니다. 춤은 말로 다 표현하기 어려운 불안감, 두려움, 답답함 등의 감정을 몸으로 표출할 수 있는 안전하고 창의적인 통로를 제공합니다. 격렬한 움직임으로 불안한 에너지를 발산하거나, 부드럽고 유연한 움직임으로 마음을 다독이는 등, 춤을 통해 감정을 자유롭게 표현함으로써 정서적 카타르시스를 경험하고 불안감을 해소할 수 있습니다.

5. 자신감 및 자기 효능감 증대

새로운 춤 동작을 배우거나, 음악에 맞춰 몸을 자유롭게 움직이는 과정을 통해 우리는 성취감을 느끼게 됩니다. 이는 '내가 할 수 있다'는 자기 효능감과 자신감을 높여줍니다. 불안은 종종 무력감에서 비롯되는데, 춤을 통한 긍정적인 경험은 이러한 무력감을 극복하고 스스로 문제를 해결할 수 있다는 믿음을 심어주어 불안을 줄이는 데 기여합니다.

결론적으로, 춤은 신체적 활동을 통해 생리적 변화를 유도하고, 심리적 몰입과 감정 표현의 기회를 제공하며, 궁극적으로는 자신감을 향상시킴으로써 불안감을 효과적으로 완화하는 강력한 방법이 됩니다. 불안한 마음이 들 때, 복잡한 생각 대신 음악을 틀고 몸을 움직여보세요. 당신의 몸이 스스로 불안을 춤으로 풀어내고, 마음의 평온을 되찾아 줄 것입니다.

08 | 기억력 향상

우리는 나이가 들면서 기억력이 감퇴하는 것을 자연스럽게 받아들이곤 합니다. 하지만 기억력은 타고나는 능력 이상으로, 우리가 어떻게 생활하고 어떤 활동을 하는지에 따라 충분히 향상시키고 유지할 수 있습니다. 특히 춤은 단순한 여가 활동을 넘어, 뇌 기능을 활성화하고 기억력을 향상시키는 데 매우 효과적인 방법으로 주목받고 있습니다. 춤이 기억력에 긍정적인 영향을 미치는 과정은 다음과 같은 여러 복합적인 요인들을 통해 이루어집니다.

1. 운동과 뇌 건강의 연결

규칙적인 유산소 운동은 뇌 건강에 필수적이며, 이는 기억력과 직접적인 관련이 있습니다. 춤은 심박수를 높여 뇌로 가는 혈류량을 증가시킵니다. 뇌에 더 많은 산소와 영양분이 공급되면 뇌세포의 성장이 촉진되고, 손상된 뇌세포를 회복하는 데도 도움을 줍니다. 특히 뇌의 해마(hippocampus)는 기억 형성 및 인출에 중요한 역할을 하는데, 운동은 해마의 신경세포 생성을 촉진하는 것으로 알려져 있습니다.

2. 새로운 정보 학습과 기억 과정

춤은 끊임없이 새로운 정보를 학습하고 기억해야 하는 활동입니다. 새로운 동작의 순서, 음악의 박자와 리듬, 파트너와의 움직임 조화 등 다양한 정보를 인지하고 기억하는 과정이 반복적으로 요구됩니다.

- 작업 기억력(Working Memory) 향상 다음 동작을 예측하고 현재 동작을 수행하는 과정은 작업 기억력을 활성화하고 강화시킵니다.

- 장기 기억력(Long-term Memory) 형성 반복적인 연습을 통해 동작과 안무가 몸에 배고, 이는 장기 기억으로 전환되어 더욱 견고해집니다.

3. 다감각 통합과 신경 회로 강화

춤은 시각(다른 사람의 동작, 거울 속 내 모습), 청각(음악), 고유수용성 감각(몸의 위치와 움직임 인지), 촉각(파트너와의 접촉) 등 다양한 감각을 동시에 활용하는 복합적인 활동입니다. 여러 감각 정보가 통합되어 처리되는 과정은 뇌의 여러 영역을 동시에 활성화시키고, 신경 회로 간의 연결을 강화합니다. 이러한 신경 가소성(neuroplasticity)의 증가는 전반적인 인지 능력, 특히 기억력 향상에 긍정적인 영향을 미칩니다.

4. 도파민 분비와 학습 동기 부여

춤을 배우고 새로운 동작을 성공적으로 수행했을 때 뇌에서는 도파민이 분비되어 성취감과 즐거움을 느끼게 합니다. 도파민은 학습과 기억에도 중요한 역할을 하는 신경전달물질입니다. 긍정적인 감정은 학습 효과를 높이고 기억을 더욱 견고하게 만듭니다. 즐거운 경험을 통해 얻은 기억은 그렇지 않은 기억보다 더 오래 지속되는 경향이 있습니다.

5. 사회적 상호작용과 인지 자극

그룹 댄스나 파트너 댄스와 같이 다른 사람들과 함께 춤을 추는 것은 사회적 상호작용을 촉진합니다. 타인의 움직임을 관찰하고, 비언어적으로 소통하며, 협력하는 과정은 뇌에 다양한 인지적 자극을 줍니다. 사회적 활동은 고립감을 줄이고 기분을 좋게 하여, 간접적으로 기억력 저하를 막는 데 기여하기도 합니다.

6. 스트레스 감소로 인한 기억력 개선

만성적인 스트레스는 기억력을 저하시키는 주요 원인 중 하나입니다. 스트레스 호르몬은 뇌의 해마 기능을 손상시킬 수 있습니다. 춤은 스트레스를 효과적으로 줄여주는 활동이므로, 스트레스로 인한 기억력 저하를 예방하고 개선하는 데 도움을 줍니다. 마음이 편안하고 안정될 때 기억력은 더욱 잘 작동합니다.

09 | 인지기능 향상

 인지 기능은 학습, 기억, 문제 해결, 주의력, 의사결정 등 뇌가 정보를 처리하고 이해하는 모든 능력을 포괄합니다. 나이가 들면서 인지 기능이 자연스럽게 저하될 수 있지만, 다양한 활동을 통해 이를 유지하고 심지어 향상시킬 수 있습니다. 특히 춤은 신체 활동과 정신적 노력이 복합적으로 결합된 형태로서, 전반적인 인지 기능 향상에 매우 긍정적인 영향을 미칩니다. 춤이 뇌의 인지 기능에 영향을 미치는 과정은 다음과 같습니다.

1. 다감각 통합과 뇌의 활성화

 춤은 시각(다른 사람의 동작, 자신의 움직임), 청각(음악의 리듬과 멜로디), 고유수용성 감각(몸의 위치와 균형), 전정 감각(움직임과 공간 지각) 등 다양한 감각 정보를 동시에 통합하고 처리해야 하는 활동입니다. 예를 들어, 음악을 들으면서 동작을 시각적으로 따라 하고, 동시에 자신의 몸이 공간에서 어떻게 움직이는지 감지하며 균형을 잡아야 합니다. 이러한 다감각 통합 과정은 뇌의 여러 영역(예 청각 피질, 시각 피질, 운동 피질, 소뇌)을 동시에 활성화시키고, 이들 간의 신경 회로 연결을 강화합니다. 이는 뇌의 전반적인 처리 속도와 효율성을 높이는 '뇌 피트니스'와 같습니다.

2. 새로운 학습과 신경 가소성 촉진

 춤은 끊임없이 새로운 것을 배우고 익혀야 하는 과정입니다. 새로운 안무를 외우거나, 복잡한 스텝을 배우고, 음악에 맞춰 타이밍을 조절하는 등 지속적인 학습이 요구됩니다. 이러한 학습 과정은 뇌의 신경 가소성(Neuroplasticity)을 촉진합니다. 신경 가소성은 뇌가 경험에 따라 구조와 기능을 변화시키고 새로운 신경 연결을 형성하는 능력을 말하는데, 이는 인지 기능 향상, 특히 학습 능력과 기억력 개선의 핵심적인 기반이 됩니다.

3. 작업 기억력 및 실행 기능 강화

춤을 추려면 다음에 어떤 동작을 해야 할지 기억하고(작업 기억력), 이를 순서대로 정확하게 수행하며(순서화), 동시에 음악의 속도와 박자에 맞춰 몸을 조절해야 합니다(억제 및 유연성). 이러한 과정은 뇌의 실행 기능(Executive Function), 특히 작업 기억력(Working Memory)과 계획, 조직화, 문제 해결 능력을 강화합니다. 복잡한 안무를 외우고 적용하는 것은 고차원적인 인지적 도전에 해당하며, 이는 뇌를 효과적으로 훈련시킵니다.

4. 주의력 및 집중력 향상

춤을 추는 동안 우리는 음악, 자신의 움직임, 때로는 파트너 그룹의 움직임에 지속적으로 주의를 기울이고 집중해야 합니다. 한순간이라도 주의가 흐트러지면 동작이 엉키거나 박자를 놓칠 수 있습니다. 이러한 집중 훈련은 전반적인 주의력을 향상시키고, 산만한 환경 속에서도 필요한 정보에 초점을 맞추는 능력을 길러줍니다.

5. 문제 해결 능력 및 적응력 발달

춤을 추다 보면 예상치 못한 상황에 직면하거나, 동작이 잘 안될 때가 있습니다. 이때 우리는 즉흥적으로 대처하거나, 동작을 변형하거나, 다른 방법을 찾아야 합니다. 이러한 과정은 문제 해결 능력과 유연한 사고, 그리고 상황에 대한 적응력을 발달시키는 데 도움을 줍니다.

6. 정서적 웰빙과의 시너지

춤은 스트레스와 불안을 감소시키고, 도파민, 세로토닌, 엔도르핀과 같은 행복 호르몬을 분비시켜 전반적인 기분을 좋게 합니다. 긍정적인 정서 상태는 인지 기능을 최적화하는 데 매우 중요합니다. 불안하거나 우울할 때 뇌의 인지 처리 능력은 저하되기 쉬운데, 춤을 통해 이러한 부정적인 감정이 해소되면 뇌는 더 효율적으로 정보를 처리하고 학습할 수 있게 됩니다.

결론적으로, 춤은 단순한 신체 활동을 넘어 뇌의 다양한 인지 기능을 동시에 자극하고 강화하는 '종합 뇌 활력 프로그램'과 같습니다. 다감각 통합, 지속적인 학습, 작업 기억력 및 실행 기능 훈련, 그리고 긍정적인 정서적 상태 유지를 통해 춤은 나이와 상관없이 우리의 뇌를 건강하게 유지하고, 학습 능력, 기억력, 주의력, 문제 해결 능력 등 전반적인 인지 기능을 향상시키는 데 지대한 영향을 미칩니다.

10 | 마음챙김에 미치는 영향

현대 사회는 끊임없는 자극과 멀티태스킹, 그리고 미래에 대한 불안으로 인해 우리의 마음이 현재에 머무르기 어렵게 만듭니다. 우리는 흔히 과거를 후회하거나 미래를 걱정하며, 정작 '지금 이 순간'을 온전히 경험하지 못하곤 합니다. 이러한 문제에 대한 해답으로 주목받는 것이 바로 마음챙김(Mindfulness)인데, 해피댄스는 몸의 움직임을 통해 마음챙김을 자연스럽게 실천하고, 현재에 온전히 몰입하는 경험을 제공하는 강력한 도구가 될 수 있습니다.

마음챙김은 '판단하지 않는 태도로 현재 순간에 주의를 기울이는 것'을 의미합니다. 과거의 후회나 미래의 걱정에서 벗어나, 지금 내가 느끼는 감각, 생각, 감정에 의도적으로 주의를 기울이고 있는 그대로 받아들이는 연습입니다. 이는 스트레스를 줄이고, 감정 조절 능력을 향상시키며, 삶의 만족도를 높이는 데 기여합니다. 춤이 마음챙김 능력을 향상시키는 과정은 다음과 같습니다.

1. 몸의 감각에 대한 집중

춤을 추는 동안 우리는 자연스럽게 자신의 몸에 집중하게 됩니다. 발이 바닥에 닿는 감각, 팔이 움직이는 궤적, 근육의 수축과 이완, 호흡의 깊이 등 몸에서 일어나는 모든 감각에 주의를 기울이게 됩니다. 이러한 감각에 대한 집중은 우리를 '지금, 여기'로 이끌어내고, 복잡한 생각이나 걱정거리로부터 벗어나게 합니다. 이는 마음챙김 명상에서 호흡에 집중하는 것과 유사한 효과를 가집니다.

2. 음악과 움직임의 조화에 대한 몰입

춤은 음악과 분리될 수 없습니다. 음악의 리듬, 멜로디, 템포에 맞춰 몸을 움직이는 동안 우리는 다른 모든 것을 잊고 음악과 움직임의 조화에 온전히 몰입(Flow)하게 됩니다. 이러한 몰입 상태는 '시간이 멈춘 듯한' 경험을 선사하며, 불

필요한 생각과 잡념이 사라지고 오직 현재의 움직임에만 주의를 기울이게 합니다. 이는 마음챙김의 핵심적인 요소인 '현재 순간에 대한 비판단적인 인식'을 자연스럽게 훈련시킵니다.

3. 감정의 즉각적인 인식과 표현

해피댄스는 자신의 감정을 몸으로 표현하는 것을 장려합니다. 춤을 추면서 우리는 자신의 감정이 어떻게 몸의 움직임으로 나타나는지 즉각적으로 인식하게 됩니다. 예를 들어, 불안하면 몸이 경직되고 움직임이 작아지는 것을 느끼고, 기쁠 때는 몸이 이완되고 움직임이 커지는 것을 경험합니다. 이러한 감정의 신체적 표현과 인지는 감정을 판단하지 않고 있는 그대로 알아차리는 마음챙김의 중요한 연습이 됩니다.

4. 반복적인 움직임을 통한 정신적 안정

특정 춤의 스텝이나 동작들은 반복적인 패턴을 가집니다. 이러한 리듬감 있고 반복적인 움직임은 뇌를 안정시키고, 마음을 차분하게 가라앉히는 효과가 있습니다. 마치 반복되는 염불이나 만트라처럼, 몸의 리듬이 정신의 리듬을 조절하여 평온하고 안정된 마음 상태를 유도합니다. 이는 불안하거나 초조할 때 특히 도움이 됩니다.

5. 신체적 해방을 통한 정신적 자유

춤을 통해 몸의 긴장이 이완되고 에너지가 발산될 때, 우리는 신체적인 해방감을 느낍니다. 이러한 신체적인 자유는 정신적인 자유로도 이어집니다. 몸이 편안하고 가벼워질수록 마음의 짐도 덜어지고, 현재 순간을 더욱 온전히 받아들일 준비가 됩니다. 스트레스와 불안이 줄어들면 마음챙김 상태로 진입하기가 훨씬 쉬워집니다.

결론적으로, 춤은 단순히 몸을 움직이는 활동을 넘어 우리에게 현재 순간에 대한 깊은 인식을 제공하고, 마음을 안정시키며, 감정을 온전히 경험하고 받아들이는 데 도움을 주어 마음챙김 능력을 향상시키는 매우 효과적인 방법입니다. 복잡한 명상법을 배우지 않아도, 음악을 틀고 몸을 흔드는 것만으로도 우리는 '지금, 여기'를 온전히 느끼며 마음의 평화와 안정을 찾아갈 수 있습니다. 춤이 이끄는 대로 몸을 맡겨 마음챙김의 깊이를 경험해보세요.

제3장
춤과 신체 건강
활력 넘치는 삶을 위한
움직임

01 | 유산소 운동

유산소 운동은 심장과 폐의 기능을 강화하고, 혈액 순환을 원활하게 하며, 지방을 연소하여 체중 관리와 전반적인 건강 증진에 필수적인 활동입니다. 걷기, 달리기, 수영 등이 대표적인 유산소 운동이지만, 해피댄스는 이러한 유산소 운동의 모든 이점을 제공하면서도, 훨씬 더 큰 즐거움과 동기 부여를 선사하는 특별한 형태의 활동입니다.

1. 심폐 기능 강화

해피댄스는 음악의 리듬에 맞춰 몸을 지속적으로 움직이게 합니다. 점프하고, 뛰고, 팔다리를 휘두르는 등 다양한 동작들은 심박수를 높이고 호흡을 가쁘게 만듭니다. 이러한 활동은 심장 근육을 강화하고 폐활량을 늘려, 심폐 기능을 효율적으로 향상시킵니다. 심폐 기능이 좋아지면 우리 몸 구석구석으로 산소와 영양분이 원활하게 공급되어 전반적인 체력과 에너지가 증진됩니다. 이는 만성 피로를 줄이고 일상생활의 활력을 높이는 데 직접적인 영향을 미칩니다.

2. 지방 연소 및 체중 관리

유산소 운동의 가장 큰 목적 중 하나는 지방 연소를 통한 체중 관리입니다. 춤은 동작의 강도와 지속 시간에 따라 다르지만, 상당한 양의 칼로리를 소모합니다. 예를 들어, 60kg의 여성이 30분간 연속적으로 춤을 추면 약 200칼로리를 소모할 수 있으며, 이는 빠르게 걷거나 가벼운 조깅과 비슷한 수준입니다. 격렬하게 춤을 추는 경우 한 시간에 700칼로리 이상을 소모하기도 하여, 시속 8km로 1시간 달리는 것과 유사한 에너지 소비량을 보입니다. 꾸준히 해피댄스를 즐기면 체지방이 감소하고 근육량이 증가하여 건강한 체중을 유지하고 체형을 관리하는 데 큰 도움이 됩니다.

3. 혈액 순환 개선 및 혈관 건강 증진

춤을 통한 유산소 활동은 심장이 더 효율적으로 혈액을 펌프질하도록 돕고, 혈관의 탄력성을 높여줍니다. 이는 혈압을 안정시키고 콜레스테롤 수치를 개선하여 심혈관 질환의 위험을 낮추는 데 기여합니다. 전신을 사용하는 춤 동작은 정체되기 쉬운 혈액과 림프의 순환을 촉진하여 몸의 노폐물 배출에도 도움을 줍니다.

4. 스트레스 감소 및 엔도르핀 분비

운동, 특히 즐거운 유산소 운동은 스트레스 해소에 탁월합니다. 춤을 추는 동안 우리는 스트레스 호르몬인 코르티솔 수치를 낮추고, 행복감을 주는 엔도르핀을 포함한 다양한 신경전달물질을 분비합니다. 이러한 호르몬들은 기분을 좋게 하고, 신체적 피로감이나 통증을 줄여주며, 운동을 지속할 수 있는 동기를 부여합니다. 즐거움이 동반되므로 운동에 대한 거부감이 적고, 꾸준히 지속하기 용이합니다.

5. 전신 근육 사용 및 유연성 향상

해피댄스는 특정 부위만을 사용하는 운동이 아닙니다. 팔, 다리, 코어 근육 등 전신 근육을 고루 사용하게 하며, 몸을 좌우, 앞뒤로 움직이고 동작의 난이도가 지속적으로 변하면서 평소 잘 쓰지 않던 근육들을 깨워줍니다. 이는 유산소 효과뿐만 아니라 근육의 균형적인 발달과 유연성 향상에도 기여합니다. 관절의 가동 범위를 확장하고 관절 유착을 막는 데도 도움을 주어 부상 예방 및 자세 교정에도 긍정적인 영향을 미칩니다.

결론적으로, 해피댄스는 신나는 음악과 함께 몸을 움직이는 즐거움을 통해 심폐 기능을 강화하고, 체지방을 효과적으로 연소시키며, 혈관 건강을 개선하고, 스트레스를 줄이는 등 유산소 운동이 제공하는 모든 핵심적인 이점을 제공합니다. 이는 따분하게 느껴질 수 있는 일반적인 유산소 운동에 대한 훌륭한 대안이 되며, 즐겁게 건강을 관리하고 활력 넘치는 삶을 만들어가는 가장 매력적인 방법 중 하나입니다.

02 | 근력 운동

  근력 운동은 근육을 강화하여 신체의 기능성을 높이고, 부상을 예방하며, 신진대사를 촉진하는 데 필수적인 운동입니다. 흔히 근력 운동이라고 하면 헬스장에서 무거운 역기를 드는 것을 떠올리지만, 해피댄스는 자신의 체중과 움직임을 활용하여 전신 근육을 효과적으로 단련하고 균형감각을 향상시키는 훌륭한 근력 운동이 될 수 있습니다.

1. 전신 근육의 균형적인 발달

  춤은 특정 부위의 근육만을 사용하는 운동이 아닙니다. 팔, 다리, 등, 복부, 둔부 등 신체의 모든 근육을 동원하여 움직임을 만들어냅니다. 점프, 회전, 균형 잡기, 자세 유지 등 다양한 춤 동작들은 평소 잘 사용하지 않던 잔근육들을 자극하고 활성화시킵니다. 이는 특정 근육만 발달하는 불균형을 막고, 전신 근육의 조화로운 발달과 균형적인 근력 강화에 기여합니다.

2. 코어 근육 강화

  모든 춤 동작의 중심에는 코어(Core) 근육의 역할이 매우 중요합니다. 코어 근육은 척추와 골반을 지지하고, 몸의 안정성과 균형을 유지하는 데 핵심적인 역할을 합니다. 춤을 추면서 몸을 돌리거나, 균형을 잡거나, 에너지를 전달하는 모든 과정에서 복근, 등 근육, 둔근 등을 포함한 코어 근육이 활발하게 사용됩니다. 꾸준한 춤 활동은 코어 근력을 강화하여 자세를 교정하고, 허리 통증을 완화하며, 일상생활에서 몸의 안정성을 높여줍니다.

3. 하체 근력 및 지구력 향상

춤은 스텝과 점프, 회전 등 지속적인 다리 움직임을 요구합니다. 왈츠의 '라이즈 앤 폴(Rise & Fall)'처럼 발뒤꿈치를 들고 움직이는 동작은 종아리와 허벅지 근육을 단련시키며, 라틴 댄스의 역동적인 스텝은 둔근과 햄스트링(허벅지 뒤 근육)을 강화합니다. 이러한 반복적인 하체 사용은 다리 근력뿐만 아니라 근육의 지구력까지 향상시켜, 쉽게 피로해지지 않고 더 오래 활동할 수 있는 체력을 길러줍니다.

4. 유연성 및 가동 범위 증진

근력 운동과 유연성은 상호 보완적입니다. 춤은 근육을 강화하는 동시에 다양한 스트레칭 동작과 부드러운 흐름을 포함하고 있어 근육과 관절의 유연성을 크게 향상시킵니다. 몸의 가동 범위가 넓어지면 동작이 더욱 우아해지고, 근육의 이완 능력도 좋아져 부상 위험을 줄이는 데 도움이 됩니다. 근육이 유연해지면 근력 운동 시 더 큰 힘을 낼 수도 있습니다.

5. 균형 감각 및 협응력 발달

춤은 움직임 중에도 몸의 중심을 잡아야 하는 경우가 많습니다. 한쪽 다리로 서거나, 빠르게 회전하거나, 복잡한 스텝을 밟는 동안 균형 감각이 지속적으로 훈련됩니다. 또한, 팔과 다리, 몸통을 동시에 조화롭게 움직여야 하는 협응력도 크게 발달합니다. 이러한 능력은 단순히 춤 실력 향상을 넘어, 낙상 방지 등 일상생활의 안전에도 중요한 영향을 미칩니다.

6. 숨어있는 잔근육 활성화

일반적인 헬스장 운동으로는 잘 사용하지 않는 작은 근육들, 즉 잔근육

(Stabilizer Muscles)들이 춤을 통해 활성화됩니다. 이 잔근육들은 큰 근육들이 움직일 때 몸을 안정적으로 지지해주며, 부상을 예방하는 데 중요한 역할을 합니다. 춤의 미묘하고 정교한 움직임들은 이러한 잔근육들을 깨워 몸의 섬세한 컨트롤 능력을 향상시킵니다.

결론적으로, 해피댄스는 즐겁고 역동적인 방식으로 전신 근육을 고루 강화하고, 코어 근력을 다지며, 하체 지구력을 높이고, 유연성과 균형 감각을 향상시키는 탁월한 근력 운동입니다. 무거운 장비나 복잡한 지식 없이도, 음악에 맞춰 몸을 자유롭게 움직이는 것만으로도 건강하고 탄탄한 신체를 만들 수 있는 가장 매력적인 방법 중 하나입니다.

03 | 유연성 강화

유연성은 몸의 자유와 부드러움을 찾아서 유연성은 관절의 가동 범위가 얼마나 넓고, 근육이 얼마나 부드럽게 늘어날 수 있는지를 나타내는 신체 능력입니다. 유연성이 좋으면 일상생활에서의 움직임이 편안해지고, 운동 시 부상 위험이 줄어들며, 자세 교정에도 도움이 됩니다. 해피댄스는 역동적인 움직임과 함께 몸의 다양한 부분을 스트레칭하고 이완시키는 요소를 포함하고 있어, 유연성을 효과적으로 강화하는 즐거운 방법이 됩니다.

1. 관절의 가동 범위 확장

춤은 팔, 다리, 몸통, 목 등 모든 주요 관절을 광범위하게 사용하는 활동입니다. 뻣뻣하게 굳어 있던 관절들을 다양한 방향으로 움직이고 회전시키면서 점차적으로 가동 범위가 넓어집니다. 예를 들어, 팔을 크게 휘두르거나 다리를 높이 들어 올리는 동작, 허리를 숙이거나 비트는 동작들은 평소 잘 사용하지 않던 관절의 구석구석을 자극하여 유연성을 증진시킵니다.

2. 근육의 이완 및 신장

많은 춤 동작들은 근육을 길게 늘리고 이완시키는 스트레칭 요소를 포함하고 있습니다. 예를 들어, 한 발을 앞으로 내밀고 상체를 숙이거나, 옆으로 팔을 뻗어 몸통을 늘리는 등의 동작은 햄스트링(허벅지 뒤 근육), 종아리, 등 근육, 어깨 근육 등을 효과적으로 신장시킵니다. 근육이 충분히 늘어나고 이완되면 근육의 긴장이 해소되어 더욱 부드럽고 유연한 움직임이 가능해집니다.

3. 반복을 통한 점진적인 개선

유연성은 단번에 좋아지는 것이 아니라 꾸준한 반복을 통해 점진적으로 향상됩니다. 해피댄스를 규칙적으로 즐기면, 매번 춤을 출 때마다 자연스럽게 몸을 늘리고 움직이는 연습이 반복됩니다. 이러한 꾸준함은 근육과 힘줄, 인대 조직의 탄력성을 서서히 증가시켜 지속적인 유연성 향상을 가져옵니다.

4. 몸의 긴장 완화 및 스트레스 감소

스트레스와 불안은 종종 우리 몸의 근육을 긴장시키고 뻣뻣하게 만듭니다. 춤은 스트레스를 줄이고 마음을 편안하게 하는 데 탁월한 효과가 있습니다. 몸과 마음의 긴장이 풀리면 근육도 자연스럽게 이완되어 유연성이 향상됩니다. 심리적으로 편안한 상태에서 몸을 움직이면, 훨씬 더 큰 범위로 유연하게 움직일 수 있습니다.

5. 근력 운동과의 시너지

유연성과 근력은 상호 보완적인 관계에 있습니다. 춤은 유산소 및 근력 운동 효과도 함께 제공합니다. 근육이 강화되면 관절을 더 안정적으로 지지할 수 있고, 이는 유연성 운동 시 부상 위험을 줄여 더 큰 가동 범위로 움직일 수 있도록 돕습니다. 유연한 근육은 또한 근력 운동 시 더 큰 힘을 낼 수 있게 하여 운동 효과를 높입니다.

6. 몸의 인지 능력 향상

춤을 추면서 우리는 자신의 몸이 어떤 범위까지 움직일 수 있는지, 어느 정도 늘어나야 편안한지 등을 지속적으로 탐색하게 됩니다. 이러한 과정은 몸에 대한 인지 능력(Proprioception)을 향상시켜, 자신의 유연성 한계를 인지하고 안전하게 움직이는 데 도움을 줍니다. 이는 과도한 스트레칭으로 인한 부상을 예방하는 데도 중요합니다.

결론적으로, 해피댄스는 신나는 음악과 함께 몸을 자유롭게 움직이는 즐거움을 통해 관절의 가동 범위를 확장하고, 근육을 이완시키며, 몸의 긴장을 완화하여 전반적인 유연성을 크게 향상시킵니다. 이는 뻣뻣했던 몸을 부드럽게 만들고, 일상생활의 움직임을 더욱 편안하게 하며, 부상 위험을 줄여 활기차고 건강한 삶을 누리는 데 필수적인 요소가 됩니다.

04 | 자세 교정

현대인의 삶은 스마트폰 사용, 장시간 앉아있는 생활 등으로 인해 구부정한 어깨, 거북목, 허리 통증 등 다양한 자세 문제를 야기하기 쉽습니다. 이러한 나쁜 자세는 미적인 문제를 넘어, 근골격계 질환과 만성 통증으로 이어질 수 있습니다. 하지만 해피댄스는 몸의 균형을 되찾고, 약화된 근육을 강화하며, 올바른 자세를 인지하게 하여 자세 교정에 매우 효과적인 운동이 될 수 있습니다.

1. 코어 근육 강화 및 안정성 증진

올바른 자세의 핵심은 코어(Core) 근육에 있습니다. 코어 근육은 복부, 허리, 골반 주변의 근육들을 통틀어 말하며, 척추를 지지하고 몸의 균형을 유지하는 데 필수적입니다. 춤은 몸의 중심을 잡고 다양한 움직임을 만들어 내는 과정에서 코어 근육을 끊임없이 사용하고 강화시킵니다. 특히 회전하거나 균형을 잡는 동작들은 코어의 안정성을 높여 구부정했던 허리를 펴고, 몸의 중심을 올바르게 잡는 데 큰 도움을 줍니다.

2. 전신 근육의 균형적인 발달

나쁜 자세는 특정 근육은 과도하게 긴장하고, 다른 근육은 약화되어 균형이 깨질 때 발생합니다. 예를 들어, 라운드 숄더는 가슴 근육의 단축과 등 근육의 약화에서 오는 경우가 많습니다. 춤은 팔, 다리, 등, 어깨 등 전신 근육을 고루 사용하여 이러한 근육 불균형을 해소합니다. 특정 근육에 편향되지 않고 모든 근육을 조화롭게 사용함으로써 몸의 좌우, 앞뒤 균형을 맞추고 바른 자세를 유지할 수 있는 근본적인 힘을 길러줍니다.

3. 몸의 인지 능력(고유수용성 감각) 향상

자세가 나쁜 사람들은 자신의 몸이 어떤 자세를 취하고 있는지 잘 인지하지 못하는 경우가 많습니다. 춤은 자신의 몸이 공간에서 어떻게 움직이고 있는지, 팔다리가 어떤 위치에 있는지 등을 지속적으로 느끼고 조절해야 합니다. 이러한 몸에 대한 깊은 인지 능력, 즉 고유수용성 감각(Proprioception)을 향상시킵니다. 몸의 감각이 예민해질수록, 의식적으로 자신의 자세를 바르게 교정하려는 노력이 가능해집니다.

4. 유연성 향상 및 근육 긴장 완화

뻣뻣하게 굳은 근육은 바른 자세를 유지하기 어렵게 만듭니다. 춤은 다양한 스트레칭 동작과 부드러운 흐름을 통해 근육과 관절의 유연성을 향상시킵니다. 특히 목, 어깨, 등 근육의 긴장을 풀어주어 구부정한 자세나 거북목을 개선하는 데 도움을 줍니다. 근육의 긴장이 해소되면 몸이 편안해지고, 자연스럽게 바른 자세를 취하기 쉬워집니다.

5. 밸런스 및 안정성 증진

춤은 한 발로 서거나 회전하는 등 균형 감각을 요구하는 동작들이 많습니다. 이러한 훈련은 몸의 중심을 잡는 능력을 향상시키고, 자세의 흔들림을 줄여줍니다. 균형감이 좋아지면 걸음걸이가 안정되고, 서 있는 자세가 더욱 당당해지는 등 전반적인 자세가 개선됩니다.

6. 마음-몸 연결을 통한 자세 개선

자세는 단순히 신체적인 습관뿐만 아니라, 심리적인 상태를 반영하기도 합니다. 우울하거나 자신감이 없을 때 어깨가 축 처지고 등이 굽는 경향이 있습니다. 춤은 스트레스를 줄이고, 자신감을 높이며, 긍정적인 감정을 유도하여 심리적으로 안정된 상태를 만듭니다. 몸과 마음이 편안하고 활력이 넘칠 때, 우리 몸은 자연스럽게 더 바르고 당당한 자세를 취하게 됩니다.

결론적으로, 해피댄스는 즐거운 움직임을 통해 코어 근력을 강화하고, 전신 근육의 균형을 맞추며, 몸의 인지 능력을 높이고, 유연성을 증진시키는 등 다각적으로 자세 교정 효과를 가져다줍니다. 꾸준한 춤 활동은 단순히 외적인 아름다움을 넘어, 몸의 건강과 기능성을 향상시키고 자신감 있는 태도까지 길러주어, 더욱 활력 넘치고 당당한 삶을 만들어가는 데 기여할 것입니다.

05 | 통증 완화

현대 사회에서 많은 사람들이 만성적인 통증으로 고통받고 있습니다. 허리 통증, 목 통증, 관절염 등 다양한 원인으로 발생하는 통증은 삶의 질을 현저히 떨어뜨리고, 심리적으로도 부정적인 영향을 미칩니다. 하지만 해피댄스는 약물 없이도 통증을 완화하고, 신체적 불편감을 줄여주는 효과적인 방법이 될 수 있습니다. 이는 단순히 기분을 좋게 하는 것을 넘어, 통증 인지 자체에 변화를 가져다주는 복합적인 메커니즘을 가지고 있습니다.

1. 천연 진통제, 엔도르핀 분비

춤은 유산소 운동의 한 형태로, 몸을 적극적으로 움직이는 과정에서 뇌에서 엔도르핀(Endorphin)을 분비합니다. 엔도르핀은 우리 몸이 스스로 만들어내는 강력한 '천연 진통제'입니다. 이 물질은 통증 신호를 억제하고, 동시에 쾌감과 행복감을 유발하여 통증으로 인한 불쾌감을 줄여줍니다.

2. 염증 감소 및 혈액 순환 개선

만성 통증의 많은 원인은 체내 염증과 관련이 있습니다. 춤과 같은 규칙적인 신체 활동은 염증 반응을 조절하고 염증 수치를 낮추는 데 도움을 줍니다. 또한, 춤은 혈액 순환을 원활하게 하여 통증 부위에 쌓인 노폐물을 제거하고, 산소와 영양분 공급을 촉진하여 손상된 조직의 회복을 돕습니다. 혈액 순환 개선은 근육 경련이나 통증으로 인한 뻣뻣함을 완화하는 데도 효과적입니다.

3. 근육 강화 및 유연성 증진

약하거나 뻣뻣한 근육은 통증의 원인이 되거나 악화시킬 수 있습니다. 춤은 코어 근육을 포함한 전신 근육을 균형 있게 강화하고, 관절의 유연성을 향상시킵니다. 근육이 튼튼해지면 관절에 가해지는 부담이 줄어들어 통증이 경감되고, 유연성이 좋아지면 몸의 움직임이 부드러워져 특정 자세로 인한 통증을 예방할 수 있습니다. 특히 자세 불균형으로 인한 통증(예 허리 통증, 목 통증)에 춤은 훌륭한 자세 교정 효과를 통해 간접적으로 통증을 완화합니다.

4. 스트레스 및 불안 감소 효과

통증은 스트레스와 불안을 유발하고, 역으로 스트레스와 불안은 통증 역치를 낮춰 통증을 더욱 심하게 느끼게 만듭니다. 춤은 스트레스 호르몬인 코르티솔 수치를 낮추고, 마음을 안정시키는 세로토닌 분비를 촉진하여 스트레스와 불안을 효과적으로 완화합니다. 심리적으로 편안해지면 통증에 대한 민감도가 줄어들어 통증을 덜하게 느끼게 됩니다.

5. 통증에 대한 주의 분산 및 몰입

춤을 추는 동안 우리는 음악의 리듬과 몸의 움직임에 온전히 집중하게 됩니다. 이러한 몰입(Flow) 상태는 통증에 대한 주의를 분산시키고, 통증을 유발하는 부정적인 생각의 고리에서 벗어나게 합니다. 통증 자체를 완전히 없애지는 못하더라도, 통증에 대한 인식을 줄이고 고통스러운 경험으로부터 잠시 벗어날 수 있게 해주는 강력한 '정신적 전환'이 됩니다.

6. 자기 효능감 및 통제감 증진

만성 통증은 종종 무력감과 '나는 내 몸을 통제할 수 없다'는 절망감을 동반합니다. 춤을 통해 몸을 움직이고 통증을 관리하는 방법을 배우는 과정에서 자기 효능감(Self-efficacy)과 통제감이 향상됩니다. 스스로 통증을 완화하기 위해 무언가를 할 수 있다는 믿음은 통증으로 인한 심리적 고통을 줄이는 데 매우 중요합니다.

결론적으로, 해피댄스는 엔도르핀 분비를 통한 직접적인 통증 완화 효과뿐만 아니라, 염증 감소, 근력 및 유연성 강화, 스트레스 및 불안 완화, 그리고 통증에 대한 주의 분산 등 다각적인 방식으로 통증을 경감시키는 데 기여합니다. 약물 치료와 병행하거나 보조적인 수단으로 춤을 활용하면, 통증으로 고통받는 많은 이들이 신체적, 정신적 건강을 회복하고 삶의 질을 높이는 데 큰 도움을 받을 수 있을 것입니다.

05 | 면역력 강화

　우리 몸의 면역 체계는 외부 침입자(세균, 바이러스 등)로부터 우리를 보호하는 중요한 방어 시스템입니다. 면역력이 약해지면 감기 같은 흔한 질병부터 심각한 만성 질환에 이르기까지 다양한 건강 문제에 취약해집니다. 꾸준한 신체 활동이 면역력 강화에 긍정적인 영향을 미친다는 것은 널리 알려진 사실이지만, 해피댄스는 즐거움과 함께 면역력을 효과적으로 높이는 매력적인 방법이 될 수 있습니다. 춤이 면역 체계에 긍정적인 영향을 미치는 과정은 다음과 같습니다.

1. 백혈구 및 면역 세포 활동 증진
　춤과 같은 중강도 유산소 운동은 혈액 순환을 원활하게 하여 백혈구(White Blood Cells)와 같은 면역 세포들이 몸속을 더 효율적으로 순환하도록 돕습니다. 이는 면역 세포들이 감염원을 빠르게 찾아내고 제거하는 능력을 향상시킵니다. 또한, 규칙적인 운동은 자연 살해 세포(Natural Killer Cells, NK세포)와 같은 특정 면역 세포의 수를 늘리고 활동성을 높여 바이러스 감염이나 암세포에 대한 저항력을 강화하는 데 기여합니다.

2. 스트레스 호르몬 감소
　만성적인 스트레스는 면역 체계를 억제하는 주요 원인 중 하나입니다. 스트레스 호르몬인 코르티솔(Cortisol)이 장기간 높은 수준으로 유지되면 면역 세포의 기능이 저하되어 우리 몸이 질병에 더 취약해집니다. 춤은 스트레스를 효과적으로 해소하고 코르티솔 수치를 낮추는 데 탁월한 효과가 있습니다. 스트레스가 줄어들면 면역 체계가 정상적으로 작동할 수 있는 환경이 조성되어 몸의 방어력이 자연스럽게 강화됩니다.

3. 염증 반응 조절

면역력과 염증은 밀접하게 관련되어 있습니다. 만성적인 염증은 면역 체계의 균형을 깨뜨리고 다양한 질병의 원인이 될 수 있습니다. 춤과 같은 규칙적인 운동은 체내의 염증 반응을 조절하고 감소시키는 데 도움을 줍니다. 이는 면역 체계가 과도하게 반응하거나 만성적인 염증 상태에 머무는 것을 방지하여, 보다 건강하고 효율적인 면역 반응을 유지할 수 있도록 합니다.

4. 숙면 유도

면역력은 수면의 질과 매우 밀접한 관련이 있습니다. 수면 부족은 면역 세포의 생산을 방해하고, 감염에 대한 취약성을 높입니다. 춤은 신체 활동을 통해 에너지를 소모하고, 스트레스를 줄여 숙면을 유도하는 데 도움을 줍니다. 깊은 잠을 자는 동안 우리 몸은 면역 체계를 재정비하고 강화하는 중요한 과정을 거치므로, 춤은 간접적으로 면역력 강화에 기여한다고 볼 수 있습니다.

5. 기분 개선 및 긍정적 정서

춤은 도파민, 세로토닌, 엔도르핀과 같은 행복 호르몬의 분비를 촉진하여 기분을 좋게 하고 긍정적인 정서를 유도합니다. 긍정적인 기분은 면역 체계에도 긍정적인 영향을 미치는 것으로 알려져 있습니다. 심리적으로 행복하고 안정된 상태는 면역 시스템의 효율성을 높이고, 전반적인 건강 유지에 도움을 줍니다.

6. 체중 관리 효과

　비만은 만성 염증을 유발하고 면역력 저하에 기여할 수 있습니다. 춤은 칼로리를 소모하고 체지방을 감소시키는 효과적인 유산소 운동입니다. 건강한 체중을 유지하는 것은 면역 체계를 포함한 전반적인 신체 기능을 최적화하는 데 매우 중요합니다.

　결론적으로, 해피댄스는 단순히 즐거운 여가 활동을 넘어, 백혈구 활동 증진, 스트레스 호르몬 감소, 염증 조절, 숙면 유도, 긍정적 정서 함양, 체중 관리 등 다양한 경로를 통해 우리 몸의 면역 체계를 강화하는 강력한 효과를 가집니다. 즐겁게 몸을 움직이는 것만으로도 우리는 질병으로부터 자신을 보호하고, 더욱 건강하고 활기찬 삶을 살아갈 수 있는 든든한 방어력을 얻게 됩니다.

07 | 노화 방지

노화는 피할 수 없는 자연의 과정이지만, 그 속도를 늦추고 건강하고 활력 넘치는 노년을 보내는 것은 충분히 가능합니다. 규칙적인 신체 활동은 노화 방지에 필수적이며, 특히 해피댄스는 신체적, 정신적, 사회적 측면에서 노화로 인한 다양한 문제들을 예방하고 젊음을 유지하는 데 탁월한 효과를 가집니다.

1. 뇌 건강 유지 및 인지 기능 보존

노화와 함께 가장 우려되는 부분 중 하나는 인지 기능의 저하(기억력 감퇴, 치매 등)입니다. 춤은 복합적인 인지 활동을 요구하므로 뇌를 지속적으로 자극합니다.

- 신경 가소성 증진 새로운 동작을 배우고 기억하는 과정은 뇌세포 간의 연결을 강화하고 새로운 신경 회로를 형성하는 신경 가소성(Neuroplasticity)을 촉진합니다.
- 혈류 증가 유산소 운동으로서 춤은 뇌로 가는 혈류량을 늘려 산소와 영양분 공급을 원활하게 합니다. 이는 뇌세포의 건강을 유지하고 인지 기능 저하를 늦추는 데 기여합니다.
- 다감각 통합 시각, 청각, 촉각, 균형 감각 등 여러 감각을 동시에 사용하며 뇌의 다양한 영역을 활성화시켜 인지 예비능을 높입니다. 이는 알츠하이머병과 같은 신경 퇴행성 질환의 발병 위험을 낮추는 데도 긍정적인 영향을 미칠 수 있습니다.

2. 근력, 균형 감각, 유연성 유지

- 나이가 들수록 근육량은 줄고(근감소증), 균형 감각은 약해지며, 관절은 뻣뻣해지기 쉽습니다. 이는 낙상 위험을 높이고 일상생활의 독립성을 저해합니다.
- 근력 유지 춤은 코어 근육을 포함한 전신 근육을 고루 사용하여 근육량 감소를 늦추고 근력을 유지하는 데 도움을 줍니다.
- 균형 감각 향상 한 발로 서거나 회전하는 등 균형을 요구하는 동작들은 고령층의 낙상 예방에 매우 중요합니다.
- 유연성 유지 다양한 움직임은 관절의 가동 범위를 넓히고 근육의 유연성을 유지하여 몸의 뻣뻣함을 줄이고 통증을 완화합니다.

3. 심혈관 건강 증진

심혈관 질환은 노년층의 주요 사망 원인 중 하나입니다. 춤은 효과적인 유산소 운동으로 심장과 폐 기능을 강화합니다.

- 혈압 및 콜레스테롤 관리 규칙적인 춤은 혈압을 안정시키고 나쁜 콜레스테롤(LDL) 수치를 낮춰 심장마비, 뇌졸중 등의 위험을 줄입니다.
- 혈액 순환 개선 혈액 순환이 원활해지면 전신에 산소와 영양분 공급이 좋아져 세포 노화를 늦추는 데 기여합니다.

4. 스트레스 감소 및 정신 건강 유지

노년에는 고독감, 상실감, 질병 등으로 인해 스트레스와 우울감을 겪기 쉽습니다.

- 행복 호르몬 분비 춤은 도파민, 세로토닌, 엔도르핀 등 행복 호르몬 분비를 촉진하여 스트레스와 우울감을 완화하고 긍정적인 기분을 유지하

게 합니다.
- 사회적 교류 댄스 그룹이나 커뮤니티 활동은 사회적 고립감을 해소하고 유대감을 형성하여 정신 건강을 증진하고 활력을 불어넣습니다.

5. 신체 염증 반응 조절

만성 염증은 노화와 관련된 많은 질병(관절염, 심혈관 질환, 일부 암)의 주요 원인입니다. 춤과 같은 규칙적인 신체 활동은 체내의 염증 수치를 낮추는 데 도움을 주어 노화 과정을 늦추고 질병 예방에 기여합니다.

6. 수면 질 향상

나이가 들수록 수면 장애를 겪는 경우가 많아지는데, 이는 면역력 저하와 전반적인 건강 악화로 이어질 수 있습니다. 춤은 신체 활동을 통해 에너지를 소모하고 스트레스를 줄여 숙면을 유도합니다. 양질의 수면은 신체 회복과 면역력 유지에 필수적입니다.

제4장
춤과 사회성
함께 춤추는 행복

01 | 타인과의 연결

 인간은 본질적으로 사회적 동물이며, 타인과의 연결(Connection)은 우리의 행복과 정신 건강에 필수적인 요소입니다. 고립감은 우울감, 불안감을 심화시키고 삶의 만족도를 떨어뜨립니다. 해피댄스는 단순히 즐거운 신체 활동을 넘어, 타인과의 깊은 유대감을 형성하고 사회적 관계를 증진시키는 강력한 매개체가 될 수 있습니다. 춤이 사회적 유대감을 높이는 과정은 다음과 같습니다.

1. 비언어적 소통과 공감 형성

 춤은 언어의 장벽을 넘어선 비언어적인 소통 방식입니다. 말없이도 상대방의 움직임과 표정을 통해 감정을 교환하고 에너지를 나눌 수 있습니다. 함께 리듬을 타고 움직임을 맞추는 동안, 우리는 상대방의 신호를 읽고 반응하며 깊은 공감대를 형성하게 됩니다. 이러한 비언어적 교류는 말로 표현하기 어려운 미묘한 감정과 의도를 전달하며, 언어로는 도달하기 어려운 깊은 수준의 유대감을 만들어냅니다.

2. 동기화된 움직임을 통한 유대감 강화

 연구에 따르면, 여러 사람이 함께 동기화된(Synchronized) 움직임을 할 때 강한 유대감을 느끼는 경향이 있다고 합니다. 이는 단순히 손가락을 함께 두드리거나, 같은 리듬에 맞춰 춤을 추는 것만으로도 나타납니다. 춤을 추는 동안 다른 사람들과 움직임을 맞추는 과정은 '우리'라는 소속감을 강화하고, 심지어 통증 역치를 높여준다고 알려져 있습니다. 이러한 집단적인 동기화는 엔도르핀과 같은 유대감 관련 호르몬의 분비를 촉진하여 친밀감과 신뢰감을 높입니다. 마치 운동선수들이 함께 훈련하며 느끼는 유대감과 유사합니다.

3. 공동의 목표와 협력을 통한 팀워크

그룹 댄스나 파트너 댄스는 공동의 목표를 가지고 함께 움직여야 하는 협력적인 활동입니다. 서로의 움직임을 이해하고, 타이밍을 맞추며, 때로는 리드하고 팔로우하는 과정에서 자연스럽게 팀워크가 형성됩니다. 이러한 협력 경험은 서로에 대한 신뢰를 쌓고, 공동의 성취감을 느끼게 하여 깊은 유대감으로 이어집니다. 춤이라는 하나의 목표를 향해 함께 노력하면서 자연스럽게 동료애가 피어납니다.

4. 사회적 교류의 기회와 고립감 해소

댄스 클래스, 댄스 파티, 동호회 등 춤은 다양한 사회적 교류의 기회를 제공합니다. 비슷한 관심사를 가진 사람들이 모여 함께 즐거운 시간을 보내고, 새로운 사람들을 만나는 자연스러운 환경이 조성됩니다. 이는 사회적 고립감을 줄이고, 소속감을 느끼게 하여 전반적인 정신 건강을 향상시킵니다. 특히 나이와 배경에 상관없이 누구나 함께 즐길 수 있는 특성 때문에 다양한 사람들과 교류할 수 있는 장점이 있습니다.

5. 즐거움과 긍정적인 감정의 공유

춤은 그 자체가 즐겁고 활기찬 활동입니다. 함께 춤을 추면서 웃고, 에너지를 나누고, 긍정적인 감정을 공유하는 경험은 사람들을 더욱 가깝게 만듭니다. 즐거운 경험을 함께 나누는 것은 관계를 강화하고, 서로에 대한 긍정적인 기억을 형성하는 데 매우 중요합니다. 이러한 긍정적인 분위기는 편안하고 안전한 관계를 발전시키는 기반이 됩니다.

6. 취약성과 자신감의 공유

춤을 배우는 초기 단계에서는 누구나 실수를 하고 어색함을 느낄 수 있습니다. 이러한 취약한 모습을 타인과 공유하고, 서로 격려하며 함께 성장하는 과정은 깊은 유대감을 형성하는 데 기여합니다. 또한, 춤을 통해 자신감을 얻고 스스로를 긍정적으로 표현하는 모습은 타인에게도 긍정적인 영향을 주어 서로에게 영감을 주는 관계를 만들어낼 수 있습니다.

02 | 공동체 의식 함양

공동체 의식은 개인이 자신이 속한 집단과 강한 유대감을 느끼고, 그 집단의 목표와 가치를 공유하며, 서로를 존중하고 협력하려는 태도를 의미합니다. 현대 사회의 개인주의화 속에서 점차 희미해지는 공동체 의식은 소외감과 단절감을 심화시키는 원인이 되기도 합니다. 하지만 해피댄스는 개인의 즐거움을 넘어, 함께 움직이는 과정을 통해 강력한 공동체 의식을 함양하고, 서로 간의 유대를 강화하는 매우 효과적인 활동이 될 수 있습니다. 춤이 공동체 의식을 높이는 과정은 다음과 같습니다.

1. 동기화된 움직임을 통한 '우리' 의식 형성

춤은 여러 사람이 같은 리듬에 맞춰 함께 움직이는 경우가 많습니다. 연구에 따르면, 이러한 동기화된(Synchronized) 움직임은 사람들 사이에 강력한 심리적 유대감을 형성하는 핵심 : 요소입니다. 같은 박자로 발을 구르고, 같은 방향으로 몸을 흔들며 에너지를 교환하는 동안, 개인은 '나'에서 '우리'로 확장되는 일체감을 경험하게 됩니다. 이는 마치 심장이 한데 뛰는 것과 같은 원초적인 연결감을 선사하며, 보이지 않는 끈으로 서로 묶여 있다는 느낌을 줍니다.

2. 비언어적 소통과 감정 공유의 장

공동체는 구성원 간의 원활한 소통과 감정 공유를 통해 형성됩니다. 춤은 언어의 장벽을 넘어선 비언어적 소통의 강력한 도구입니다. 말없이도 상대방의 움직임과 에너지를 느끼고, 자신의 감정을 몸으로 표현하면서 서로 공감하고 이해하는 폭이 넓어집니다. 함께 웃고, 땀 흘리고, 때로는 실수를 통해 서로를 격려하는 과정에서 깊은 정서적 유대감이 형성되고, 이는 공동체의 결속력을 다지는 중요한 기반이 됩니다.

3. 공동의 목표 달성과 협력 경험

그룹 댄스나 안무를 함께 완성하는 해피댄스 활동은 공동의 목표를 설정하고 이를 달성하기 위해 협력하는 경험을 제공합니다. 각자의 역할에 충실하고, 서로의 움직임을 배려하며, 때로는 이끌고 때로는 따라가는 과정에서 자연스럽게 팀워크가 발달합니다. 이러한 협력적인 경험은 서로에 대한 신뢰를 쌓고, 공동의 노력으로 얻은 성취감을 함께 나누면서 공동체 구성원으로서의 자부심을 높여줍니다.

3. 다양성 수용과 포용의 공간

춤은 나이, 성별, 직업, 사회적 배경, 신체 능력과 관계없이 누구나 참여할 수 있는 열린 활동입니다. 댄스 스튜디오나 커뮤니티는 다양한 사람들이 모여 함께 춤을 추는 공간이 됩니다. 이러한 환경은 서로의 다름을 인정하고 존중하며, 포용하는 태도를 자연스럽게 배우게 합니다. 춤을 통해 서로의 개성을 발견하고 이를 함께 즐기는 과정에서 더욱 다양하고 풍요로운 공동체 의식이 함양될 수 있습니다.

4. 긍정적인 에너지와 즐거움의 전파

해피댄스는 그 이름처럼 즐거움과 긍정적인 에너지가 넘치는 활동입니다. 함께 춤을 추면서 웃고, 환호하고, 에너지를 나누는 것은 집단 전체의 분위기를 밝고 활기차게 만듭니다. 이러한 긍정적인 정서의 공유는 공동체 구성원들 사이에 소속감을 강화하고, 모임에 대한 만족도를 높여 지속적인 참여를 유도합니다. 즐거움이 곧 공동체의 접착제 역할을 하는 것이죠.

5. 안전하고 지지적인 환경 제공

　함께 춤을 추는 공동체는 실수해도 괜찮고, 부족해도 받아들여지는 안전하고 지지적인 환경을 제공합니다. 이러한 환경에서 개인은 심리적 안정감을 느끼고, 자신의 취약한 면을 드러내는 것을 두려워하지 않게 됩니다. 서로를 격려하고 지지하는 문화는 구성원 간의 신뢰를 깊게 하고, 공동체에 대한 애착을 높여줍니다.

03 | 사회적 관계망 확장

현대 사회에서는 정보 기술의 발전에도 불구하고, 오히려 많은 사람들이 사회적 고립감을 느끼거나 제한된 인간관계 속에서 살아가는 경우가 많습니다. 사회적 관계망은 우리의 정신적, 육체적 건강에 중요한 영향을 미치며, 삶의 만족도를 높이는 핵심 : 요소입니다. 해피댄스는 즐거운 움직임을 통해 새로운 사람들을 만나고, 기존 관계를 심화하며, 사회적 관계망을 효과적으로 확장시키는 강력한 매개체가 될 수 있습니다.

1. 새로운 만남의 자연스러운 기회 제공

댄스 클래스, 워크숍, 소셜 댄스 파티, 동호회 등은 춤을 통해 새로운 사람들을 만날 수 있는 최적의 장소입니다. 이곳에 모인 사람들은 '춤'이라는 공통의 관심사를 가지고 있기 때문에, 어색함 없이 자연스럽게 대화를 시작하고 관계를 발전시킬 수 있습니다. 다른 모임보다 훨씬 유쾌하고 편안한 분위기에서 사람들과 교류하며, 지인 또는 친구로 발전할 가능성이 높습니다.

2. 비언어적 소통과 즉각적인 유대감 형성

춤은 언어를 넘어선 비언어적인 소통의 정수입니다. 말없이도 상대방의 움직임, 에너지, 표정을 통해 교감하고 호흡을 맞추는 경험은 매우 강력한 유대감을 형성합니다. 특히 파트너 댄스의 경우, 물리적 접촉과 함께 상대방의 리듬을 느끼고 반응하는 과정에서 깊은 신뢰와 친밀감을 쌓을 수 있습니다. 이러한 즉각적인 비언어적 연결은 새로운 사람과의 관계 형성 초기 단계에서 어색함을 줄이고 빠르게 가까워지는 데 큰 도움을 줍니다.

3. 긍정적인 경험 공유를 통한 관계 심화

함께 춤을 추면서 즐거움을 느끼고, 성공적인 동작을 함께 해내며 웃는 등 긍정적인 경험을 공유하는 것은 관계를 빠르게 심화시킵니다. 춤이라는 공동의 즐거운 활동은 스트레스를 줄이고, 긍정적인 감정을 유발하여 서로에 대한 호감을 높입니다. 이러한 긍정적인 상호작용은 단순히 아는 사람을 넘어, 함께 시간을 보내고 싶은 친구 관계로 발전하는 촉매제가 됩니다.

4. 다양한 배경의 사람들과의 교류

춤은 나이, 성별, 직업, 사회적 배경, 국적 등을 초월하여 누구나 함께 즐길 수 있는 활동입니다. 댄스 커뮤니티에는 다양한 삶의 경험을 가진 사람들이 모여들어 폭넓은 인간관계를 형성할 수 있습니다. 이는 자신의 사회적 울타리를 넓히고, 다양한 관점과 문화를 이해하는 데 도움을 주어 더욱 풍요로운 사회생활을 가능하게 합니다.

5. 자신감 향상과 적극적인 관계 형성

춤을 통해 자신의 몸을 긍정적으로 인식하고, 새로운 동작을 배우며 성취감을 느끼는 과정은 자신감을 높여줍니다. 자신감이 향상되면 사람들에게 먼저 다가가고, 대화에 참여하며, 관계를 적극적으로 형성하려는 의욕이 생깁니다. 이는 사회적 관계망을 확장하는 데 필수적인 요소입니다.

6. 스트레스 감소로 인한 편안한 관계 형성

스트레스와 불안은 사회적 관계 형성을 방해할 수 있습니다. 춤은 스트레스를 효과적으로 해소하고 마음을 편안하게 만듭니다. 심리적으로 안정된 상태에서는 타인에게 더 개방적이고, 편안하게 다가갈 수 있어 원활한 관계 형성에 기여합니다.

7. 지속적인 교류와 활동의 장 마련

댄스 클래스나 동호회 활동은 정기적인 모임을 통해 지속적인 교류의 기회를 제공합니다. 이는 일회성 만남이 아닌, 꾸준히 만나 함께 활동하면서 관계를 유지하고 발전시킬 수 있는 환경을 만들어줍니다. 공동의 취미는 관계를 굳건히 하는 강력한 기반이 됩니다.

제2부
해피댄스의 실제

제5장
해피댄스 시작하기

01 | 해피댄스를 위한 준비와 마음가짐

 해피댄스는 단순히 몸을 움직이는 것을 넘어, 우리의 삶에 긍정적인 변화를 가져다줄 수 있는 즐거운 활동입니다. 하지만 처음 시작하려 할 때 무엇부터 준비해야 할지 막막할 수 있죠. 해피댄스를 성공적으로 시작하고 꾸준히 즐기기 위한 준비와 마음가짐에 대해 알려드릴게요.

1. 물리적 준비 편안함이 최고!

 해피댄스는 특별한 장비가 필요 없다는 것이 가장 큰 장점 중 하나입니다. 해피댄스를 위해서는 다음과 같은 준비가 필요합니다.

- 편안한 복장 몸을 자유롭게 움직일 수 있는 헐렁하거나 신축성 있는 옷이 좋습니다. 너무 꽉 조이거나 움직임을 방해하는 옷은 피하세요. 땀 흡수가 잘 되는 소재면 더욱 좋습니다.
- 편안한 신발(선택 사항) 맨발로 춤을 추는 것도 좋지만, 발 보호를 위해 쿠션감 있고 발목을 잘 지지해주는 운동화나 댄스 슈즈를 신을 수도 있습니다. 실내에서 추는 경우 양말만 신어도 충분합니다. 중요한 것은 미끄럽지 않고 편안한 것입니다.
- 충분한 공간 몸을 자유롭게 움직일 수 있는 최소한의 공간만 있으면 됩니다. 거실, 방 한구석, 공원 등 어디든 좋습니다. 주변에 걸려 넘어질 만한 물건은 미리 치워두세요.
- 음악 재생 장치 스마트폰, 블루투스 스피커, 컴퓨터 등 음악을 재생할 수 있는 장치만 있다면 준비 끝입니다.

2. 마음가짐 완벽보다 즐거움을!

해피댄스의 가장 중요한 요소는 바로 '마음가짐'입니다. 이 점만 기억한다면 누구든 해피댄스를 즐길 수 있습니다.

- '잘 추려는' 부담감을 버리세요. 해피댄스는 경쟁이 아닌 즐거움이 최우선입니다. 전문 댄서처럼 완벽하게 추는 것이 목표가 아닙니다. 박자를 놓치거나 동작이 어설퍼도 괜찮습니다. 오직 당신의 몸이 느끼는 즐거움과 해방감에 집중하면 됩니다.
- '나만의 춤'을 존중하세요. 다른 사람을 따라 할 필요도, 특정 장르에 얽매일 필요도 없습니다. 당신의 기분과 몸이 이끄는 대로 자유롭게 움직이는 것이 해피댄스입니다. 당신의 춤은 오직 당신만의 것입니다.
- 음악에 몸을 맡기세요. 좋아하는 음악을 고르고, 그 리듬과 멜로디에 몸을 맡겨보세요. 음악이 당신의 몸을 움직이도록 허락하세요. 때로는 눈을 감고 음악에 집중하는 것도 좋습니다.
- 작은 움직임부터 시작하세요. 처음부터 격렬하게 춤을 출 필요는 없습니다. 어깨를 살짝 들썩이거나, 발끝으로 리듬을 타거나, 고개를 흔드는 등 아주 작은 움직임부터 시작해 보세요. 몸이 풀리고 흥이 오르면 자연스럽게 움직임이 커질 것입니다.
- 정기적으로 꾸준히 하루 5분이라도 좋습니다. 매일 규칙적으로 춤을 추는 습관을 들이는 것이 중요합니다. 짧은 시간이라도 꾸준히 춤을 추는 것이 긴 시간 한 번에 하는 것보다 더 큰 효과를 가져올 수 있습니다.
- 자신에게 친절하세요. 춤을 추는 동안 혹시나 '내가 너무 어설픈가?' 하는 생각이 들더라도, 스스로를 비난하지 마세요. 당신은 지금 스스로의 행복을 위해 움직이고 있는 멋진 사람입니다.

해피댄스는 준비된 장비나 뛰어난 기술을 요구하지 않습니다. 그저 편안한 몸과 자유로운 마음만 있다면 언제 어디서든 시작할 수 있습니다. 지금 바로 좋아하는 음악을 틀고, 당신의 몸이 원하는 대로 움직여보세요. 춤이 주는 진정한 행복을 경험하게 될 것입니다.

02 | 해피댄스, 누구나 할 수 있다

"나는 몸치라서 춤은 절대 못 춰요!" 많은 분들이 이렇게 생각하며 춤추기를 망설입니다. 하지만 이는 춤에 대한 오해이자, 스스로의 가능성을 제한하는 생각입니다. 춤은 특정 재능이나 타고난 유연성, 완벽한 박자 감각이 있어야만 할 수 있는 활동이 아닙니다.

해피댄스처럼 즐거움을 목적으로 하는 춤의 세계에서는 '몸치'라는 말은 존재하지 않습니다. 왜 '몸치'도 춤을 출 수 있을까요?

- 춤은 본능입니다. 인간은 태초부터 리듬에 맞춰 몸을 움직여왔습니다. 아기들이 음악에 자연스럽게 반응하며 몸을 흔드는 모습만 봐도 알 수 있죠. 춤은 학습된 기술 이전에, 우리 안에 내재된 원초적인 본능이자 자기 표현의 욕구입니다. '몸치'라고 생각하는 것은 이 본능적인 연결을 잠시 잊었을 뿐입니다. 당신의 몸은 음악에 반응할 준비가 되어 있습니다.
- 해피댄스는 완벽함을 요구하지 않습니다. 해피댄스의 핵심은 '즐거움'과 '자유로움'입니다. 전문 댄서처럼 복잡한 안무를 정확하게 소화하거나, 남들보다 더 멋지게 보여야 한다는 부담감을 가질 필요가 전혀 없습니다.
- 틀려도 괜찮아요. 박자를 놓치거나, 동작이 어색해도 아무도 당신을 비난하지 않습니다. 춤의 목적은 당신의 행복이기 때문이죠.
- 나만의 스타일이 최고입니다. 정해진 규칙 없이 당신의 몸이 이끄는 대로 움직이는 것이 해피댄스입니다. 당신의 움직임 하나하나가 곧 당신만의 독특한 춤 스타일이 됩니다.
- 판단하지 마세요. 거울 속 자신의 모습이나 남들의 시선을 의식하며 스스

로를 판단하는 마음을 내려놓으세요. 오직 음악에 몸을 맡기고 흐름을 즐기는 데 집중하면 됩니다.

- 몸치는 '경험 부족'일 뿐입니다. 어떤 일을 처음 시작할 때 누구나 서툴기 마련입니다. 춤도 마찬가지입니다. '몸치'라는 것은 단지 춤추는 경험이 부족하거나, 아직 자신의 몸을 편안하게 움직이는 방법을 찾지 못했을 뿐입니다. 꾸준히 시도하고 몸의 감각에 귀 기울이다 보면, 점차 편안하고 자연스러운 움직임을 발견하게 될 것입니다. 작은 움직임부터 시작해서 점차 자신감을 키워나가세요.

- 춤은 감정 표현의 도구입니다. 춤은 완벽한 기술이 아니라, 내면의 감정을 몸으로 표현하는 언어입니다. 당신이 느끼는 기쁨, 슬픔, 분노, 에너지 등 모든 감정은 춤의 재료가 될 수 있습니다. 춤은 감정을 해소하고 표출하는 강력한 수단이므로, 감정에 충실한 춤은 그 자체로 의미 있고 아름답습니다. '몸치'라도 감정은 온전히 표현할 수 있습니다.

- 다양한 춤의 형태가 존재합니다. 춤은 발레, 힙합, 살사 등 특정 장르만 있는 것이 아닙니다. 앉아서 손만 흔들 수도 있고, 제자리에서 몸을 들썩일 수도 있으며, 산책하며 리듬을 타는 것도 춤이 될 수 있습니다. 굳이 어려운 동작을 배우려 하지 않아도 됩니다. 당신에게 가장 편안하고 즐거운 움직임을 찾아보세요.

- 기억하세요, 춤을 추는 데 필요한 것은 완벽한 기술이 아니라 '움직이고 싶다'는 마음과 '즐기고 싶다'는 용기입니다. 당신이 어떤 몸매를 가졌든, 어떤 박치든 상관없습니다. 음악을 틀고, 당신의 몸이 원하는 대로 흔들어 보세요. 곧 깨닫게 될 것입니다. 춤은 누구나 할 수 있으며, 당신도 예외가 아니라는 것을요.

03 | 나에게 맞는 음악 찾기 행복을 부르는 플레이리스트

해피댄스를 즐기는 데 있어 음악은 가장 중요한 요소 중 하나입니다. 어떤 음악을 선택하느냐에 따라 춤의 분위기는 물론, 당신의 기분과 에너지까지 크게 달라질 수 있습니다. 나에게 딱 맞는 '행복을 부르는 플레이리스트'를 만드는 것은 해피댄스를 꾸준히 즐기고 효과를 극대화하는 핵심입니다.

1. 당신의 기분에 귀 기울이세요

가장 먼저 할 일은 당신의 현재 기분과 원하는 감정에 집중하는 것입니다.

- 활력이 필요할 때 빠르고 경쾌한 비트의 팝, 댄스곡, 펑크(Funk) 음악이 좋습니다.
- 차분함과 위로가 필요할 때 부드러운 발라드, 재즈, 뉴에이지, 앰비언트(Ambient) 음악을 선택해 보세요.
- 스트레스 해소가 필요할 때 강렬한 록, 힙합, 일렉트로닉 댄스 음악(EDM)이 도움이 될 수 있습니다.
- 자유로운 표현을 원할 때 장르에 구애받지 않고, 다양한 감정을 이끌어 낼 수 있는 음악을 찾아보세요.

2. 장르를 가리지 말고 탐색하세요

자신이 평소 듣던 장르 외에도 다양한 음악을 시도해 보세요. 예상치 못한 곳에서 당신의 춤을 깨우는 음악을 찾을 수 있습니다.

- 팝/댄스 전 세계적으로 사랑받는 장르로, 쉽고 친숙하게 몸을 흔들기 좋습니다.

- 힙합/R&B 강렬한 비트와 리듬감이 넘쳐 에너지를 발산하기에 좋습니다.
- 라틴 음악(살사, 바차타 등) 열정적이고 경쾌한 리듬이 몸을 자연스럽게 움직이게 합니다.
- EDM/하우스 반복적인 비트와 신시사이저 사운드가 몰입감을 높여줍니다.
- 재즈/블루스 즉흥적인 리듬과 풍부한 선율이 감성적인 춤을 유도합니다.
- 클래식/뉴에이지 잔잔하거나 웅장한 음악 속에서 나만의 해석으로 몸을 표현할 수 있습니다.
- 월드 뮤직 다양한 문화권의 독특한 리듬과 선율이 새로운 움직임을 선사할 수 있습니다.

3. '플레이리스트' 활용은 필수!

음악 스트리밍 서비스(멜론, 지니뮤직, 스포티파이, 유튜브 뮤직 등)의 플레이리스트 기능을 적극 활용하세요.

- 테마별 플레이리스트 '기분 전환 댄스', '아침 활력 춤', '스트레스 해소 음악' 등 자신만의 테마를 정해 플레이리스트를 만드세요.
- 추천 플레이리스트 활용 스트리밍 서비스가 제공하는 '추천 플레이리스트'나 '나에게 맞는 믹스'를 탐색해 보세요. 새로운 음악을 발견하는 좋은 방법입니다.
- 지인과 공유 친구나 가족에게 해피댄스에 좋은 음악을 추천해달라고 요청하거나, 자신의 플레이리스트를 공유하며 함께 즐거움을 나누는 것도 좋습니다.

4. 템포와 리듬에 주목하세요

음악의 장르만큼이나 중요한 것이 템포(속도)와 리듬(박자)입니다.

- 빠른 템포 에너지를 폭발시키고 싶을 때, 심박수를 높여 유산소 효과를 극대화하고 싶을 때 좋습니다.
- 느린 템포 몸을 풀거나, 감성적인 표현을 하고 싶을 때, 마음을 차분하게 가라앉히고 싶을 때 좋습니다.
- 다양한 리듬 다양한 리듬 패턴을 가진 음악은 몸의 협응력을 높이고, 지루함을 덜어줍니다. 익숙하지 않은 리듬에 도전해 보는 것도 좋은 방법입니다.

5. 당신의 '춤 욕구'를 자극하는 음악을 찾으세요

결국 가장 좋은 음악은 당신의 몸이 저절로 반응하고, 춤추고 싶다는 욕구를 불러일으키는 음악입니다.

- 음악을 들었을 때 몸이 저절로 들썩이는가?
- 특정 감정이 떠오르거나, 표현하고 싶은 충동이 드는가?
- 음악이 끝난 후에도 여운이 남고, 다시 듣고 싶은가?

이러한 질문에 긍정적으로 답할 수 있는 음악이 바로 당신을 위한 '행복을 부르는 플레이리스트'에 담겨야 할 곡들입니다.

나에게 맞는 음악을 찾는 것은 해피댄스 여정의 시작이자 가장 큰 즐거움 중 하나입니다. 정해진 답은 없습니다. 오직 당신의 몸과 마음이 반응하는 음악을 찾아 플레이리스트를 채워나가세요.

04 | 편안한 공간과 복장 자유로운 움직임을 위한 준비

해피댄스는 규칙이나 제약 없이 자유롭게 몸을 움직이며 즐거움을 찾는 활동입니다. 따라서 무엇보다 편안함이 가장 중요합니다. 몸을 억압하지 않고 자유로운 움직임을 가능하게 하는 공간과 복장은 해피댄스의 즐거움을 극대화하고, 안전하게 춤을 출 수 있는 기반이 됩니다.

1. 편안한 공간 나만의 댄스 플로어를 만들다

해피댄스를 위한 공간은 특별할 필요가 없습니다. 중요한 것은 당신이 마음껏 움직일 수 있는 최소한의 여유 공간과 안정감을 느끼는 곳입니다.

- 충분한 움직임 공간 확보 팔다리를 뻗거나 한두 걸음 움직일 수 있는 공간이면 충분합니다. 거실, 침실, 서재 등 집안 어디든 좋습니다. 주변에 걸려 넘어질 만한 물건(의자, 탁자 모서리, 장난감 등)은 미리 치워두어 안전사고를 예방하세요.

- 미끄럼 방지 바닥이 너무 미끄럽다면 양말을 벗거나, 미끄럼 방지 기능이 있는 신발을 신는 것이 좋습니다. 맨발이 가장 편안하다면 맨발로 추는 것도 좋습니다.

- 거울 활용(선택 사항) 거울이 있다면 자신의 움직임을 보면서 자세를 확인하거나, 시각적인 피드백을 통해 더욱 몰입할 수 있습니다. 하지만 거울이 필수는 아닙니다. 오히려 거울 없이 오직 몸의 감각에만 집중하는 것이 해방감을 줄 수도 있습니다.

- 방해 없는 환경 잠시나마 외부의 방해 없이 오직 춤에 집중할 수 있는 환경을 조성하는 것이 중요합니다. 필요하다면 문을 닫거나, 가족들에

게 잠시 양해를 구하는 것도 좋습니다. 이어폰을 사용하면 음악에 더욱 몰입할 수 있습니다.
- 야외 공간 활용 날씨가 좋다면 공원, 넓은 잔디밭 등 야외 공간도 훌륭한 해피댄스 장소가 될 수 있습니다. 신선한 공기와 햇살은 춤의 즐거움을 더해주고, 자연 속에서 느끼는 자유로움은 스트레스 해소에도 탁월합니다.

2. 편안한 복장 몸을 춤추게 하는 옷

해피댄스에서 복장은 '얼마나 멋있어 보이는가'보다 '얼마나 편안하게 움직일 수 있는가'가 훨씬 중요합니다.
- 활동성 높은 소재 신축성이 좋고 부드러운 소재의 옷이 좋습니다. 면, 스판덱스 등이 혼방된 옷이 움직임에 제약이 없어 이상적입니다.
- 넉넉한 사이즈 또는 신축성 몸에 너무 꽉 끼는 옷은 움직임을 방해하고 불편함을 줄 수 있습니다. 몸을 자유롭게 구부리거나 뻗을 수 있는 넉넉한 사이즈의 옷이나, 몸에 부드럽게 밀착되면서도 신축성이 뛰어난 옷을 선택하세요.
- 땀 흡수 및 통기성 춤을 추다 보면 땀이 나기 마련입니다. 땀 흡수가 잘 되고 통기성이 좋은 소재(예 기능성 스포츠웨어, 면)를 선택하면 쾌적하게 춤을 즐길 수 있습니다.
- 활동하기 편한 하의 짧은 반바지, 레깅스, 트레이닝 팬츠, 혹은 와이드 팬츠 등 다리 움직임을 방해하지 않는 하의를 선택하세요.
- 편안한 상의 티셔츠, 후드티, 맨투맨 등 팔 움직임에 제약이 없는 상의가 좋습니다. 너무 긴 소매나 장식이 많은 옷은 피하는 것이 좋습니다.
- 신발은 선택 사항 맨발로 추는 것이 가장 자연스럽고 땅의 감각을 느낄

수 있어 좋습니다. 하지만 발 보호나 미끄럼 방지를 위해 쿠션감이 좋은 운동화, 댄스 슈즈, 혹은 미끄럼 방지 양말을 신는 것도 좋습니다. 중요한 것은 발에 부담을 주지 않고 편안한 것입니다.

해피댄스는 우리의 몸과 마음을 자유롭게 해방시키는 활동입니다. 이러한 자유로움을 온전히 느끼기 위해서는 불편함 없이 움직일 수 있는 공간과 복장이 필수적입니다. 거창한 준비 없이도 당신의 몸과 마음이 편안함을 느끼는 환경을 조성한다면, 언제든 해피댄스의 즐거움을 만끽할 수 있을 것입니다. 지금 바로 당신의 '해피댄스 존'을 만들고, 몸이 이끄는 대로 움직여 보세요!

05 | 완벽함보다 즐거움 춤추는 마음가짐

많은 사람들이 춤을 '잘 춰야 하는 것'이라고 생각하며, 완벽한 동작과 박자를 맞추는 것에 대한 부담감을 느낍니다. 하지만 해피댄스의 세계에서는 이러한 부담감이 전혀 필요 없습니다. 해피댄스는 이름 그대로 '행복'이 최우선이며, 완벽한 기술보다 춤을 추는 즐거움과 자유로움에 초점을 맞춥니다. 해피댄스를 온전히 즐기기 위해 필요한 마음가짐은 다음과 같습니다.

1. '잘 춰야 한다'는 강박관념 버리기

이것이 해피댄스의 가장 핵심적인 마음가짐입니다. 우리는 무대에 오를 전문 댄서가 아닙니다. 춤은 자기표현의 도구이자, 몸과 마음을 치유하는 수단입니다.

- 실수는 배움의 과정 박자를 놓치거나, 동작이 어색해도 괜찮습니다. 춤에서 실수는 흔한 일이며, 그 과정에서 몸이 더 자유로워지고 리듬을 찾아갑니다.
- 비교하지 마세요 다른 사람의 춤과 자신을 비교하며 좌절할 필요가 없습니다. 각자의 몸은 다르고, 표현하는 방식도 다릅니다. 당신의 춤은 오직 당신만의 것입니다.
- 내 몸에 집중 거울 속 자신의 모습이나 남들의 시선을 의식하기보다, 음악이 당신의 몸에 어떤 영향을 미치는지, 몸이 어떻게 움직이고 싶어 하는지에 집중하세요.

2. 몸의 소리에 귀 기울이고 자유롭게 반응하기

해피댄스는 정해진 규칙이나 안무에 얽매이지 않습니다. 당신의 몸이 원하는 대로 움직이도록 허락하는 것이 중요합니다.

- 음악에 몸을 맡기세요 좋아하는 음악을 틀고, 그 리듬과 멜로디에 몸을 맡겨 보세요. 음악이 당신의 어깨를 들썩이게 하고, 발을 움직이게 하고, 팔을 휘두르게 하도록 내버려두세요.
- 본능적인 움직임을 따르세요 어색하게 느껴지더라도, 몸이 자연스럽게 이끄는 대로 움직여보세요. 팔을 흔들거나, 제자리에서 뛰거나, 몸을 좌우로 흔드는 것만으로도 충분합니다.
- 감정을 움직임으로 표현 기쁠 때는 활기차게, 슬플 때는 느리고 부드럽게, 답답할 때는 강렬하게 몸을 움직여 감정을 표출해 보세요. 춤은 감정을 해소하는 가장 좋은 비언어적 방법 중 하나입니다.

3. 작은 움직임부터 시작하는 용기

처음부터 격렬하거나 복잡한 춤을 추려 하지 않아도 됩니다. 아주 작은 움직임에서부터 시작하세요.

- 발끝으로 리듬 타기 : 앉아서라도 음악에 맞춰 발끝을 까딱이거나, 손가락으로 박자를 맞춰보는 것만으로도 시작할 수 있습니다.
- 어깨 들썩이기 : 가볍게 어깨를 들썩이거나, 고개를 흔들며 리듬을 느껴보세요.
- 점진적으로 확장 : 몸이 풀리고 흥이 오르면 자연스럽게 움직임이 커질 것입니다. 스스로에게 충분한 시간과 여유를 주세요.

4. 자신에게 친절하고 긍정적으로 대하기

해피댄스를 추는 과정은 자신을 사랑하는 과정이기도 합니다.

- 스스로 칭찬하기 : 춤을 추는 동안 작은 움직임 하나하나에도 스스로에게 "잘 하고 있어!", "즐겁다!"라고 말하며 긍정적인 피드백을 주세요.

- 과정에 집중 : 결과보다는 춤을 추는 그 순간의 즐거움과 몸이 반응하는 과정에 집중하세요.
- 긍정적인 환경 조성 : 당신이 좋아하는 음악, 편안한 공간, 그리고 당신의 춤을 이해하고 지지해 줄 사람들과 함께하는 것이 좋습니다. 혼자 춤을 추더라도 긍정적인 분위기를 조성하세요.

해피댄스의 가장 큰 매력은 바로 누구나, 어떤 모습이든 상관없이 즐길 수 있다는 점입니다. 완벽함을 추구하는 순간 춤은 숙제가 되지만, 즐거움을 추구하는 순간 춤은 진정한 해방과 행복을 선사합니다.

제6장
감정별 해피댄스

01 | 우울할 때 기분 전환 해피댄스

　우울할 때는 몸을 움직이는 것 자체가 힘들게 느껴질 수 있습니다. 하지만 춤은 강력한 감정 해소 도구로, 몸에 갇혀 있던 우울감과 부정적인 에너지를 밖으로 표출하고, 긍정적인 감정을 불러일으키는 데 놀라운 효과를 발휘합니다. 따라서 우울할 때 몸을 움직이는 것은 기분 전환에 정말 효과적입니다.

　춤은 단순히 신체 활동을 넘어, 감정을 표현하고 스트레스를 해소하며 즐거움을 느낄 수 있는 좋은 방법이에요. 거창한 기술보다는 에너지를 순환시키고, 몸의 활력을 되찾는 데 초점을 맞춘 동작들이 특히 좋습니다. 아래에 설명하는 댄스 동작들은 특별한 기술 없이도 누구나 쉽게 따라 할 수 있으며, 몸의 활력을 되찾고 긍정적인 에너지를 불어넣는 데 도움을 줄 겁니다.

　어떤 특정 동작이나 형식을 따르지 않고, 음악에 맞춰 몸이 이끄는 대로 자유롭게 움직이는 춤이에요. 춤을 춰야 한다는 부담감을 내려놓고, 그저 몸이 느끼는 대로 움직여보는 것이 중요합니다. 정해진 틀이 없기 때문에 부담 없이 감정을 즉흥적으로 표현할 수 있어요. 춤추는 동안 오로지 자신과 음악에만 집중하며 스트레스를 해소하고, 내면의 감정을 해방시키는 데 도움을 줍니다. James Brown - "I Feel Good", Earth, Wind & Fire - "Boogie Wonderland, Daft Punk ft. Pharrell Williams - "Get Lucky" 등이 좋습니다.

　점차 에너지가 올라오는 곡으로 바꿔나가도 좋습니다. 우울할 때 기분 전환을 위해 추면 좋은 구체적인 춤 동작들을 단계별로 보면 다음과 같습니다.

1) 1단계 몸의 무거움을 털어내는 동작(5-10분)

우울감은 종종 몸을 무겁게 만들고 에너지를 짓누릅니다. 이 단계에서는 그 무거움을 털어내고 순환을 돕는 데 집중합니다.

- 털어내기(Shaking it off) : 편안하게 선 상태에서 온몸을 흔들어 줍니다. 손목, 팔, 어깨, 다리, 발목까지 몸의 모든 부분을 부드럽게 털어내듯이 움직입니다. 마치 몸속에 고여 있는 부정적인 에너지를 밖으로 털어낸다고 상상하세요.

- 큰 한숨과 함께 내려놓기 : 숨을 깊게 들이쉬면서 양팔을 머리 위로 쭉 뻗었다가, 숨을 '하~' 하고 크게 내쉬면서 팔을 바닥으로 툭 떨어뜨리며 몸의 긴장을 한꺼번에 내려놓습니다. 여러 번 반복합니다.

- 척추 이완(Spine Release) : 무릎을 살짝 구부리고 턱을 당겨 등부터 천천히 척추를 둥글게 말아 몸을 숙입니다. 매달리듯이 팔을 늘어뜨리고 고개를 좌우로 흔들어 목의 긴장을 풉니다. 숨을 들이쉬면서 다시 척추를 하나하나 세우듯이 천천히 일어섭니다.

- 제자리 걷기(Marching in Place) : 제자리에서 발을 번갈아 들어 올리며 걷듯이 움직입니다. 팔은 자연스럽게 앞뒤로 흔들어주며, 에너지를 다시 순환시킨다는 느낌으로 합니다.
- 핵심 :몸에 쌓인 무거움과 긴장을 물리적으로 털어내고 이완하는 데 집중합니다. '잘' 하는 것보다 '느낌'에 집중하세요.

2) 2단계 에너지를 끌어올리고 표현하는 동작(10-15분)

몸이 조금 풀렸다면, 이제는 적극적으로 에너지를 끌어올리고 그 감정을 몸으로 표현하는 단계입니다.

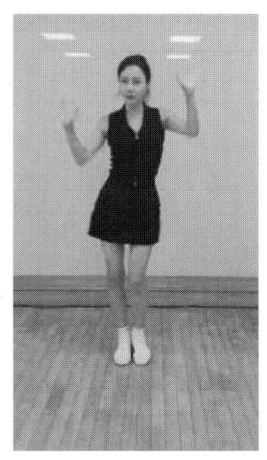  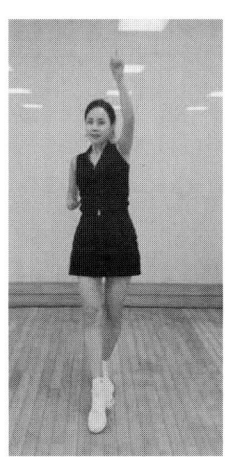

- 점프 & 바운스(Jump & Bounce) : 무릎을 살짝 구부린 상태에서 몸 전체를 위아래로 힘껏 튕기듯이 점프하거나 바운스합니다. 땅을 박차고 위로 솟아오르는 느낌에 집중하며 활력과 에너지를 끌어올립니다.
- 팔 크게 휘두르기(Big Arm Swings) : 팔을 크게 원을 그리며 휘두르거나, 위아래, 앞뒤로 힘껏 뻗어줍니다. 마치 답답함을 날려버리듯이 과감

하게 움직여 보세요.
- 발 구르기(Stomping) : 음악의 비트에 맞춰 발을 바닥에 힘껏 구릅니다. 분노나 좌절감 같은 부정적인 감정을 발산하는 데 도움이 됩니다.
- 몸통 회전(Torso Twists) : 발은 바닥에 고정하고 몸통을 좌우로 비틀어줍니다. 팔은 자연스럽게 따라오도록 두거나, 옆으로 뻗어 공간을 활용합니다.
- 웃음과 함께 움직이기(Laughing Dance) : 춤을 추면서 의식적으로 입꼬리를 올리고 웃어봅니다. 소리 내어 웃는다면 더욱 좋습니다. 행복한 표정은 실제로 기분을 좋게 만드는 효과가 있습니다.
- 핵심 :억눌렸던 에너지를 적극적으로 발산하고, 긍정적인 감정을 몸으로 유도합니다. 신나게 움직이며 음악과 내가 하나 되는 순간을 즐기세요.

3) 3단계 긍정적인 감정을 다지고 마무리(5분)

춤을 통해 얻은 활력과 긍정적인 감정을 내면에 새기고, 스스로에게 평온함을 선물하는 시간입니다.

- 자기 포옹(Self-Hug) : 춤의 움직임을 천천히 멈추고, 두 팔로 자신을 따뜻하게 감싸 안습니다. 눈을 감고 "잘했어", "괜찮아", "나는 소중해"와 같은 긍정적인 말을 스스로에게 들려줍니다.
- 두 손 모으고 감사하기 : 두 손을 가슴 앞에 모으고, 오늘 춤을 추면서 느낀 긍정적인 감정과 스스로의 노력에 감사하는 마음을 가집니다.
- 따뜻한 빛 상상하기 : 눈을 감고 머리 위에서 따뜻하고 밝은 빛이 내려와 온몸을 감싸고, 그 빛이 몸속의 우울감을 씻어낸다고 상상하며 깊게 호흡합니다.
- 핵심 :춤을 통해 얻은 긍정적인 에너지를 내면에 흡수하고, 스스로에게

위로와 평온을 선물하며 마무리합니다.

  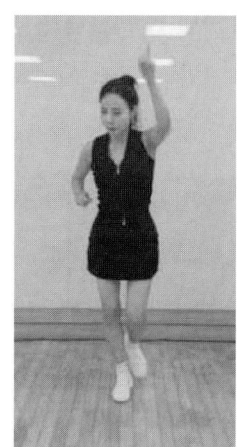

우울할 때는 몸을 움직이는 작은 시도조차 엄청난 용기를 필요로 합니다. 하지만 그 용기가 당신의 마음을 치유하는 첫걸음이 될 수 있습니다. 완벽하지 않아도 괜찮습니다. 오직 당신의 몸과 마음이 원하는 대로 움직이며, 춤이 주는 위로와 활력을 경험해 보세요.

02 | 불안할 때 마음을 평온 해피댄스

불안할 때는 마음이 조급해지고, 몸은 경직되며, 호흡마저 불안정해지기 쉽습니다. 이런 순간, 춤은 단순히 스트레스를 해소하는 것을 넘어, 몸과 마음의 연결을 통해 깊은 평온과 안정을 되찾는 강력한 도구가 될 수 있습니다. 격렬하고 빠른 움직임보다는 부드럽고 반복적이며, 호흡에 집중하는 동작들이 불안을 완화하는 데 특히 효과적입니다.

음악은 격렬하거나 자극적인 음악보다는 차분하고 부드러우며, 안정적인 분위기를 조성하여 마음을 가라앉히는 데 도움을 주는 곡들이 좋습니다.

- Enya - "Only Time" 잔잔하고 몽환적인 멜로디가 마음을 편안하게 감싸줍니다.
- Ludovico Einaudi - "Experience" 서정적인 피아노 선율이 깊은 평온함을 선사합니다.
- Hans Zimmer - "Time"(Inception Soundtrack) 웅장하면서도 잔잔한 분위기가 명상에 집중하게 합니다.

1단계 : 몸의 긴장을 이완하고 호흡에 집중하기(5-10분)

불안감이 크다면, 몸의 긴장을 풀어주고 호흡에 집중하며 시작합니다.

- 부드러운 흔들림(Standing Sway) : 발을 어깨너비로 벌리고 무릎을 살짝 구부립니다. 몸 전체를 좌우로 아주 부드럽고 천천히 흔들어줍니다. 마치 바람에 흔들리는 나무처럼요. 팔은 자연스럽게 늘어뜨리거나 가슴 앞에서 모읍니다. 호흡은 길고 깊게 들이쉬고 내쉽니다.
- 어깨와 목 이완 : 숨을 들이쉬면서 어깨를 귀까지 끌어올렸다가, 숨을 내쉬면

서 '후~' 소리와 함께 어깨를 툭 떨어뜨립니다. 여러 번 반복합니다. 목을 좌우로 천천히 기울이거나 원을 그리며 스트레칭하듯 움직여 긴장을 풀어줍니다.

- 가슴 열고 닫기(Chest Opening & Closing) : 발을 어깨너비로 벌리고 무릎을 살짝 구부립니다. 숨을 들이쉬면서 팔을 옆으로 활짝 열어 가슴을 펴고, 숨을 내쉬면서 팔을 앞으로 모아 등을 둥글게 구부립니다. 마치 자신을 안아주듯이 부드럽게 반복합니다.

- 천천히 무게 이동(Weight Shift) : 한 발에 체중을 실었다가 다른 발로 천천히 이동합니다. 몸의 무게가 발바닥을 통해 지면에 닿는 감각에 집중합니다. 흔들림 없는 안정감을 느낄 때까지 반복합니다.

- 핵심 : 외부의 시선이나 잘해야 한다는 생각은 완전히 내려놓고, 오직 내 몸의 감각과 호흡에 집중합니다. 모든 움직임을 의식적으로 부드럽게 가져가세요.

| 부드러운 흔들림 | 위로 흔들기 | 크게 움직이기 |

2단계 반복적인 리듬과 흐름에 몰입하기(10-15분)

조금 긴장이 풀렸다면, 반복적인 움직임을 통해 명상적인 흐름에 몰입해 봅니다.

- 제자리 스텝과 스웨이(In-Place Step & Sway) : 제자리에서 발을 가볍게

번갈아 들고 내리며 걷듯이 움직입니다. 동시에 몸을 좌우로 부드럽게 흔듭니다. 팔은 자연스럽게 늘어뜨리거나 허리 높이에서 부드럽게 움직입니다. 일정한 리듬을 유지하며 반복합니다.

- 느린 팔 웨이브(Slow Arm Wave) : 한쪽 팔을 천천히 위로 들어 올렸다가, 부드럽게 아래로 내리는 웨이브 동작을 만듭니다. 반대쪽 팔도 같은 방식으로 반복합니다. 마치 물속에서 움직이는 것처럼 유연하게 움직입니다. 두 팔을 동시에 해도 좋습니다.
- 골반 부드럽게 돌리기(Gentle Hip Circle) : 무릎을 살짝 굽힌 상태에서 골반을 천천히 크게 원을 그리듯 돌립니다. 시계 방향, 반시계 방향 모두 부드럽게 연결합니다. 골반의 움직임이 척추 전체로 전달되는 것을 느껴봅니다.

발레의 기본 동작   팔벌려 상체 앞으로   뒤로 정렬

- 바운스(Gentle Bounce) : 무릎을 살짝 구부린 상태에서 몸 전체를 위아래로 아주 미세하게 튕기듯이 바운스합니다. 에너지를 위로 띄워 올린다는 느낌보다는, 지면으로 에너지를 부드럽게 흘려보낸다는 느낌으로 합니다.
- 핵심 :반복적인 움직임과 리듬에 완전히 몰입하여 외부의 불안한 생각으로부

터 주의를 분리합니다. 몸이 음악의 일부가 된다는 상상을 해보세요.

3단계 나만의 즉흥적인 표현으로 평온 마무리(5분)

불안감이 줄어들고 평온함이 찾아왔다면, 그 감정을 온전히 표현하며 마무리합니다.

- 자유로운 흐름(Free Flow) : 이전에 했던 동작들을 섞어서 해도 좋고, 몸이 하고 싶은 대로 완전히 자유롭게 움직여봅니다. 중요한 것은 어떤 동작을 해야 한다는 생각 없이, 마음이 편안함을 느끼는 대로 움직이는 것입니다.
- 손으로 공간 쓰다듬기 : 손을 사용하여 주변 공간을 부드럽게 쓰다듬듯이 움직여봅니다. 마치 공기를 만지고 있는 것처럼 움직입니다.
- 깊은 심호흡과 함께 멈춤 : 모든 움직임을 천천히 멈추고, 두 발을 지면에 단단히 붙이고 눈을 감습니다. 몇 차례 깊은 심호흡을 하며 지금 이 순간 느껴지는 평온함에 집중합니다. 숨을 들이쉬면서 긍정적인 에너지를 채우고, 내쉬면서 남아있는 불안감을 내보낸다고 상상하면 좋습니다.
- 핵심 :몸과 마음의 연결을 통해 얻은 평온함을 온전히 느끼고, 이를 내면에 새기는 시간을 갖습니다.

모든 과정에서 중요한 것은 '완벽하게' 춤을 추는 것이 아니라 '나의 몸과 마음을 돌본다'는 마음입니다. 불안할 때 몸을 움직이는 것은 용기가 필요한 일이지만, 그 작은 움직임이 당신에게 큰 평온을 가져다줄 수 있습니다. 당신의 몸을 신뢰하고, 춤을 통해 스스로에게 휴식과 위안을 선물해 보세요.

03 | 무기력할 때 에너지 해피댄스

무기력할 때는 몸을 움직이는 것 자체가 버겁게 느껴질 수 있습니다. 하지만 바로 그때, 춤은 그 무력감을 깨뜨리고 몸과 마음에 활력을 불어넣는 강력한 도구가 될 수 있습니다. 거창한 안무나 고난도 기술이 필요한 것이 아닙니다. 아주 작고 단순한 움직임부터 시작하여 점진적으로 에너지를 끌어올리는 데 초점을 맞추는 것이 중요합니다.

음악은 몸을 움직이게 만드는 강력한 비트와 활기찬 멜로디, 그리고 긍정적인 분위기를 가진 곡들이 효과적입니다.

- Avicii - "Wake Me Up" 희망찬 멜로디와 중독성 있는 비트가 활력을 불어넣고 긍정적인 분위기를 만듭니다.
- Calvin Harris ft. Rihanna - "This Is What You Came For" 웅장하면서도 신나는 분위기가 특징으로, 몸을 크게 움직이기에 좋습니다.
- Kygo ft. Selena Gomez - "It Ain't Me" 몽환적이면서도 리드미컬한 비트가 에너지를 서서히 끌어올립니다.

1단계 앉거나 선 채로 시작하는 최소한의 움직임(5분)

아직 몸에 힘이 없거나 일어설 엄두가 나지 않을 때 시도해 보세요.

- 발끝으로 리듬 타기 : 앉거나 선 채로 발뒤꿈치를 들고 발끝으로 바닥을 가볍게 두드리며 음악의 비트를 느껴봅니다.
- 손가락 튕기기/박수 : 손가락으로 가볍게 리듬을 튕기거나, 박자에 맞춰 박수를 쳐봅니다.
- 어깨 들썩이기 : 어깨를 위아래로 가볍게 들썩이며 긴장을 풀어줍니다.

- 목 좌우로 흔들기 : 목을 좌우로 천천히 흔들거나, 원을 그리며 스트레칭하듯 움직여봅니다.
- 가슴 활짝 펴기 : 숨을 들이쉬면서 어깨를 뒤로 젖히고 가슴을 활짝 열어줍니다. 숨을 내쉬면서 편안하게 돌아옵니다.
- 핵심 : 큰 움직임에 대한 부담 없이 음악과 내 몸의 아주 작은 연결을 느끼는 데 집중하세요.

트위스트

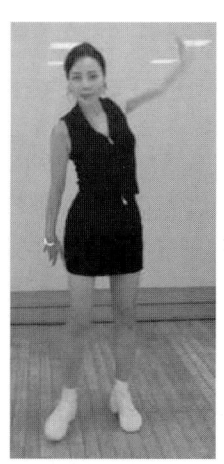
왼손 들기

오른손 들기

2단계 제자리에서 몸을 흔들고 풀어주는 움직임(10-15분)

조금 에너지가 생겼다면, 제자리에서 몸을 더 자유롭게 움직여봅니다.

- 제자리 콩콩 뛰기 : 발을 번갈아 가볍게 들고 제자리에서 콩콩 뛰어봅니다. 처음에는 낮게, 점차 높게 뛰어봅니다.
- 몸통 좌우 흔들기 : 발은 바닥에 고정하고 몸통을 좌우로 가볍게 흔들어줍니다. 팔은 자연스럽게 늘어뜨리거나 자유롭게 움직입니다.
- 골반 돌리기 : 허리와 골반을 부드럽게 원을 그리며 돌려줍니다. 앞뒤, 좌우로도 움직여봅니다.

- 팔 크게 휘두르기 : 팔을 앞뒤로 크게 휘두르거나, 위아래로 뻗어줍니다. 마치 줄넘기하듯이 팔을 돌려보는 것도 좋습니다.
- 어깨 돌리기 : 어깨를 앞뒤로 크게 돌려 뭉친 어깨 근육을 풀어줍니다.
- 발 구르기 : 발을 번갈아 바닥에 힘껏 구르며 에너지를 발산합니다.
- 핵심 :몸의 긴장을 풀고 억눌린 에너지를 밖으로 내보내는 데 집중하세요. '내가 춤추고 있다'는 의식보다는 '몸이 움직이고 있다'는 감각에 초점을 맞춥니다.

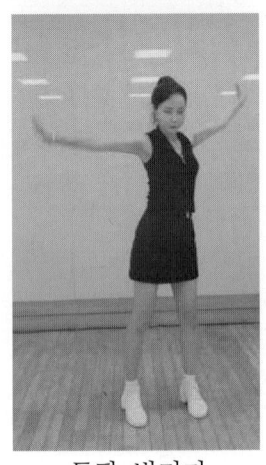
두팔 벌리기

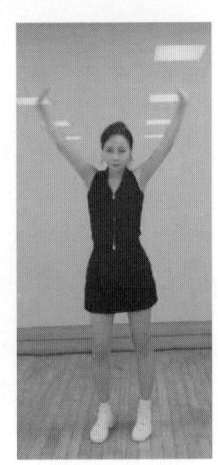
크게 원그리기

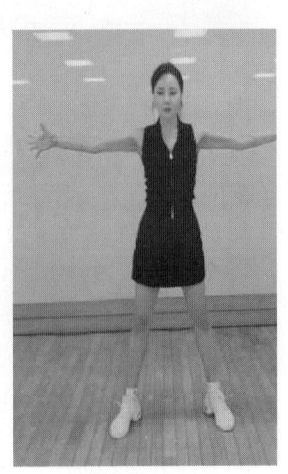
팔 벌리기

3단계 공간을 활용하고 에너지를 폭발시키는 움직임(15-20분)

몸에 충분한 활력이 생겼다면, 공간을 활용하여 더욱 다이내믹한 춤을 춰봅니다.

- 걷고 뛰고 점프하기 : 제자리에서 벗어나 공간을 활용하여 자유롭게 걷고, 뛰고, 가볍게 점프해봅니다. 리듬에 맞춰 스텝을 밟아도 좋습니다.
- 전신 스트레칭과 확장 : 팔다리를 최대한 넓게 뻗고, 몸을 쭉 늘리는 동작을 해봅니다. 허리를 숙였다 펴거나, 몸을 비트는 등 전신의 가동

범위를 활용하세요.

- 흔들고 터는 동작 : 온몸을 자유롭게 흔들거나, 손과 발을 털어내듯이 움직이며 남아있는 무기력감이나 찌꺼기를 털어냅니다.
- 즉흥적인 움직임 : 머릿속으로 '어떤 동작을 해야지' 생각하기보다, 음악이 이끄는 대로 몸이 하고 싶은 대로 자유롭게 움직여봅니다.
- 감정 표현 강조 : 지금 느끼는 즐거움, 해방감 등을 표정이나 몸짓으로 과감하게 표현해봅니다. 소리를 내는 것도 좋습니다.
- 핵심 : 음악과 내가 완전히 하나가 되어 에너지를 발산하고, 춤을 통해 얻는 쾌감과 해방감을 온전히 느끼세요.

두팔 앞으로   크게 원그리기   원으로 돌기

마무리 진정과 정리(2-3분)

춤을 마친 후에는 갑자기 멈추지 않고 몸을 진정시키는 시간을 갖는 것이 좋습니다.

- 천천히 걷기 : 천천히 제자리를 걷거나, 짧게 걸으며 호흡을 가다듬습니다.
- 깊은 호흡 : 숨을 깊게 들이쉬고 천천히 내쉬면서 몸의 긴장을 풀어줍니다.

- 가벼운 스트레칭 : 팔다리를 가볍게 늘려주고, 목과 어깨를 스트레칭하여 마무리합니다.
- 긍정적인 생각 : "오늘도 잘 해냈다", "몸이 개운하다" 등 긍정적인 자기 암시를 해줍니다.
- 핵심 :이 동작들은 제안일 뿐, 가장 중요한 것은 당신의 몸이 원하는 대로 움직이는 것입니다. 무기력할 때는 억지로 무언가를 하려 하기보다, 작은 움직임으로 시작하여 점차 몸에 활력을 불어넣는 과정을 즐겨보세요. 음악이 당신을 이끌어주고, 춤이 당신의 무기력을 걷어내 줄 것입니다.

04 | 기억력 증강 해피댄스

　춤은 단순히 몸을 움직이는 것을 넘어, 기억력을 포함한 인지 기능을 활성화하는 데 매우 효과적인 활동입니다. 특히 새로운 동작을 배우고, 음악에 맞춰 순서를 기억하며, 공간을 인지하는 과정에서 뇌의 여러 영역이 동시에 자극됩니다. 기억력을 높이는 춤은 단순히 몸을 움직이는 것을 넘어, 새로운 동작을 배우고, 순서를 기억하며, 리듬에 맞춰 반응하는 과정에서 뇌를 자극하는 것이 중요합니다. 따라서 다양한 구조와 변화가 있는 곡, 혹은 집중력을 유지하면서도 즐거움을 주는 곡들이 좋습니다.

- Michael Jackson - "Billie Jean" 독특하고 중독성 있는 베이스 라인과 명확한 박자가 동작을 기억하고 따라하는 데 좋습니다.
- Dua Lipa - "Levitating" 디스코와 팝이 결합된 신나는 리듬과 반복적인 멜로디가 뇌를 활성화합니다.
- Bruno Mars - "Uptown Funk" 펑키한 그루브와 다양한 악기 소리가 리듬에 대한 인지력을 높여줍니다.

1. 순서 기억이 필요한 안무 따라 하기(단기 기억력, 작업 기억력)
　새로운 안무를 배우고 반복하는 것은 단기 기억력과 작업 기억력을 강화하는 데 탁월합니다. 뇌는 새로운 정보를 습득하고 처리하는 과정에서 활성화됩니다.

- 단계별 안무 배우기 : 유튜브, 온라인 댄스 클래스, 또는 댄스 스튜디오에서 짧고 간단한 안무를 단계별로 배웁니다. 처음에는 2-3가지 동작의 짧은 시퀀스부터 시작하여 점차 길이를 늘려갑니다.

- 반복 학습 : 배운 안무를 음악 없이 천천히 반복하고, 그 다음 음악 속도에 맞춰 연습합니다. 동작의 순서를 외우는 데 집중하세요.
- 미러링(Mirroring) : 댄스 강사나 화면 속 인물의 움직임을 거울처럼 따라 하며, 방향 전환이나 동작의 반전을 기억하는 연습을 합니다.
- 핵심 :동작의 순서와 방향을 의식적으로 기억하고 재현하려는 노력을 통해 뇌를 활성화합니다. 틀려도 괜찮으니, 반복을 통해 기억을 굳건히 하는 데 집중하세요.

 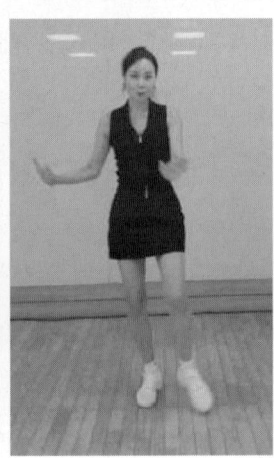 

2. 박자와 리듬에 맞춰 즉흥적으로 움직이기(청각 기억력, 반응 속도)

음악의 변화에 즉각적으로 반응하며 몸을 움직이는 것은 청각 기억력과 인지적 유연성, 반응 속도를 향상시킵니다.

- 비트 맞추기 : 음악의 메인 비트(박자)를 발로 구르거나 손뼉을 치며 정확히 맞춰 봅니다. 처음에는 느린 곡부터 시작합니다.
- 리듬 변화에 반응 : 음악이 느려지면 움직임을 부드럽게 하고, 빨라지면 활기차게 움직이는 등 리듬의 변화에 따라 즉흥적으로 몸을 조절합니다.

- 악기 소리에 맞춰 춤추기 : 드럼 소리가 날 때만 발을 구르거나, 기타 솔로가 나올 때 팔을 크게 휘두르는 등 특정 악기 소리에 맞춰 다른 동작을 해봅니다.
- 핵심 :음악적 패턴을 인지하고 예측하며 즉각적으로 몸을 반응시키는 훈련을 통해 뇌의 처리 속도와 기억 인출 능력을 높입니다.

  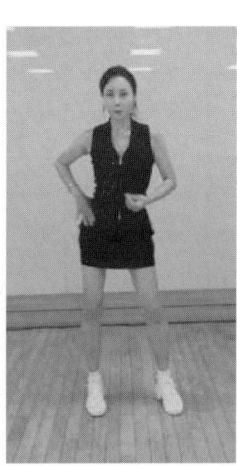

3. 공간을 활용한 움직임(공간 기억력, 계획 능력)

주변 공간을 인지하고 활용하는 춤 동작은 공간 기억력과 계획 능력을 자극합니다.

- 8방향 스텝 : 제자리에서 앞, 뒤, 좌, 우, 대각선 앞, 대각선 뒤 등 8방향으로 한 발씩 스텝을 밟아봅니다. 순서를 정해 반복하거나, 무작위로 지시하며 연습할 수 있습니다.
- 특정 지점 통과 : 방 안의 특정 물건(예 의자, 테이블)을 정해두고, 춤을 추면서 그 지점을 통과하거나, 그 주변을 도는 안무를 만들어봅니다.
- 움직임 패턴 기억 : '두 걸음 앞으로, 한 걸음 옆으로, 반 바퀴 돌기'와

같은 간단한 움직임 패턴을 기억하고 공간 안에서 이를 반복하여 수행합니다.
- 핵심 : 주변 환경과 자신의 위치를 계속 인지하고, 다음 움직임을 미리 계획하는 과정을 통해 공간 지각 능력과 기억력을 훈련합니다.

4. 다양한 동작 조합 및 변형(유연성, 창의적 기억력)

익숙한 동작들을 새롭게 조합하거나 변형하는 것은 뇌의 유연성과 창의적 기억력을 발달시킵니다.
- 동작 카드 활용 : 팔, 다리, 몸통 등 각 부위의 움직임을 적은 카드(예 '팔을 위로 뻗기', '다리 뒤로 차기', '몸통 숙이기')를 만들어 무작위로 뽑아 연결하여 춤을 춥니다.
- 하나의 동작 변형 : 기본적인 동작(예 팔 흔들기)을 선택한 후, 그 동작의 속도, 크기, 방향, 높이 등을 다양하게 변형하여 춤을 춥니다.
- 이야기 만들기 : 음악을 들으면서 특정 주제(예 '꽃이 피는 과정', '바람에 흔들리는 나무')를 생각하고, 그 이야기를 춤 동작으로 표현하며 자

신만의 안무를 만듭니다.
- 핵심 :기존의 기억을 활용하여 새로운 것을 만들어내는 과정은 뇌의 시냅스 연결을 강화하고 기억의 폭을 넓히는 데 도움을 줍니다.

기억력 향상을 위한 춤은 '시험'이 아닙니다. 틀리는 것을 두려워하지 말고, 뇌가 새로운 도전을 즐길 수 있도록 격려하는 것이 중요합니다. 꾸준히 다양한 춤 동작을 시도하고, 그 과정에서 오는 성취감과 즐거움을 만끽한다면 당신의 기억력은 자연스럽게 향상될 것입니다.

05 | 자존감 향상 해피댄스

 자존감은 자신을 존중하고 사랑하는 마음으로, 삶의 여러 측면에 큰 영향을 미칩니다. 춤은 단순히 신체 활동을 넘어, 자신을 긍정적으로 표현하고 몸과 마음에 대한 통제감을 높여 자존감을 향상시키는 강력한 도구가 될 수 있습니다. 특히 외모나 기술적인 완벽함보다는 '나' 자신에게 집중하고, 몸이 주는 감각을 온전히 느끼는 데 초점을 맞춘 동작들이 중요합니다.

 자존감을 높이는 춤은 자신을 긍정적으로 표현하고, 몸의 통제감을 느끼며, 내면의 힘을 끌어올리는 데 초점을 맞춥니다. 따라서 강렬하고 웅장하며, 자신감을 북돋는 분위기의 곡들이 특히 좋습니다.

- Beyoncé - "Run the World(Girls)" 여성의 힘과 당당함을 노래하는 곡으로, 강력한 비트와 함께 자신감을 끌어올립니다.
- Queen - "We Are The Champions", "We Will Rock You" 승리와 성취감을 표현하는 웅장한 곡으로, 듣기만 해도 자신감이 충만해지는 느낌을 줍니다.
- Katy Perry - "Roar" 내면의 힘을 깨우고 용기 있게 나아가라는 메시지를 담은 곡으로, 파워풀한 비트가 특징입니다.

1단계 몸의 중심을 잡고 당당함을 느끼는 동작(5-10분)

 자존감은 스스로의 중심을 잡는 것에서 시작됩니다. 단단한 기반 위에 서 있다는 느낌은 내면의 자신감을 깨웁니다.

- 당당한 워킹(Powerful Walk) : 어깨를 펴고 고개를 살짝 들어 올린 채, 한 발 한 발 힘 있게 내딛으며 걷습니다. 팔은 자연스럽게 앞뒤로 흔들되, 좀 더 넓고 자신감 있게 움직입니다. 시선은 정면을 응시하거나 살

짝 위를 바라봅니다.
- 중심 잡기(Grounding) : 두 발을 어깨너비로 벌리고 발바닥 전체를 바닥에 단단히 붙입니다. 무릎을 살짝 굽히고, 척추를 길게 늘린다는 느낌으로 몸을 곧게 세웁니다. 마치 땅에 뿌리내린 나무처럼 흔들림 없는 안정감을 느껴봅니다.
- 어깨 펴고 가슴 열기(Open Chest) : 숨을 들이쉬면서 양 팔을 옆으로 활짝 펴고 가슴을 최대한 열어줍니다. 숨을 내쉬면서 팔을 내리고 긴장을 이완합니다. 자신감 있는 자세는 실제로 자신감을 높이는 데 도움이 됩니다.
- 핵심 :몸의 안정감과 단단함을 느끼고, 자신감 있는 자세를 통해 내면의 힘을 깨웁니다.

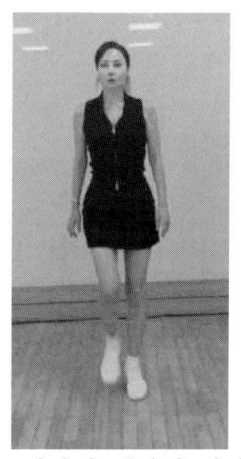  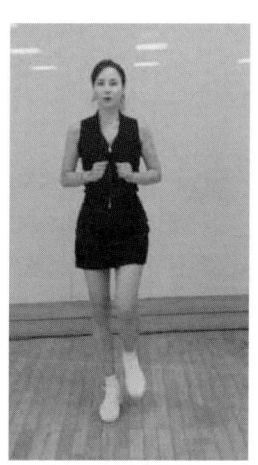

당당히 제자리 걷기　　　　박수치기　　　　손들어 걷기

2단계 자신을 표현하고 에너지를 발산하는 동작(10-15분)
억눌렸던 감정이나 에너지를 몸을 통해 자유롭게 표현하면서, 스스로를 긍정적으로 받아들이는 경험을 합니다.

- 파워풀한 스윙(Powerful Swings) : 팔을 크게 원을 그리며 휘두르거나, 몸을 비틀면서 팔을 힘껏 뻗어줍니다. 마치 답답함을 날려버리듯이 과감하게 움직입니다.
- 자유로운 점프와 바운스(Free Jumps & Bounces) : 무릎을 사용하여 몸 전체를 위아래로 힘껏 튕기듯이 점프하거나 바운스합니다. 땅을 박차고 위로 솟아오르는 느낌에 집중하며 에너지를 발산합니다.
- 주먹 쥐고 흔들기(Fist Pumping) : 음악의 비트에 맞춰 두 주먹을 쥐고 팔을 위아래로 흔들거나 앞으로 뻗어줍니다. 스포츠 경기에서 응원하듯이 열정적으로 움직여보세요.
- 자유로운 표정과 몸짓 : 춤추는 동안 거울을 보며 자신의 표정을 확인하거나, 카메라 앞에서 춤추듯이 과감한 표정과 몸짓을 해봅니다. '내가 지금 가장 멋있다'는 생각을 가지고 움직여보세요.
- 핵심 : 억압된 감정을 몸을 통해 해소하고, 스스로의 에너지를 마음껏 발산하며 존재감을 느낍니다.

점프

왼발 들고 박수치기

바운스

3단계 나를 긍정하고 축하하는 동작(5분)

춤을 통해 얻은 긍정적인 감정과 자신감을 내면에 새기고, 스스로를 축하하는 시간을 갖습니다.

- 자기 포옹(Self-Hug) : 춤의 마지막 단계에서 움직임을 멈추고, 두 팔로 자신을 감싸 안습니다. 눈을 감고 "수고했어", "잘했어", "나는 소중해"와 같은 긍정적인 자기 암시를 해줍니다.
- 당당한 마무리 포즈(Confident Pose) : 두 발을 어깨너비로 벌리고, 팔을 허리춤에 올리거나 한 손을 하늘로 힘껏 뻗어 올리는 등 자신이 가장 멋있다고 생각하는 당당한 포즈를 취합니다. 잠시 동안 이 자세를 유지하며 자신감을 느껴봅니다.
- 감사 표현 : 춤을 출 수 있는 자신의 몸과, 이 시간을 허락해준 자신에게 감사하는 마음을 가집니다.
- 핵심 : 춤을 통해 얻은 긍정적인 감정을 내면화하고, 스스로의 가치를 인정하며 축하합니다.

태권동작

점프

자존감을 높이는 춤은 '누군가에게 보여주기 위함'이 아니라, 오직 '나' 자신을 위한 시간입니다. 잘 추는 것보다 중요한 것은 춤을 통해 당신의 몸과 마음이 얼마나 자유롭고 당당해지는지를 느끼는 것입니다.

06 | 자신감 향상 해피댄스

자신감은 새로운 도전을 가능하게 하고, 관계를 풍요롭게 하며, 삶의 만족도를 높이는 중요한 요소입니다. 춤은 자신을 솔직하게 표현하고, 몸의 통제감을 느끼며, 성취감을 경험하는 과정을 통해 내면의 자신감을 효과적으로 끌어올리는 활동입니다. 특히 기술적인 완벽함보다는 '나'의 존재감을 드러내고, 몸의 에너지를 적극적으로 활용하는 동작들이 자신감 향상에 큰 도움이 됩니다.

자신감을 높이는 춤은 자신을 당당하게 표현하고, 몸의 에너지를 적극적으로 활용하며, 성취감을 느끼는 데 초점을 맞춥니다. 따라서 강렬하고 웅장하며, 듣기만 해도 스스로가 멋지다고 느껴지는 분위기의 곡들이 특히 좋습니다.

- Kendrick Lamar - "Alright" 희망적인 메시지와 함께 강력한 비트가 듣는 이에게 힘을 줍니다.
- Bon Jovi - "It's My Life" 자신의 삶을 스스로 개척하라는 메시지와 함께 힘찬 멜로디가 용기와 자신감을 줍니다.
- Avicii - "Levels" 희망적이고 중독성 있는 멜로디가 활력을 불어넣고 긍정적인 분위기를 만듭니다.

1단계 존재감을 드러내는 파워풀한 움직임(5-10분)

자신감은 곧 '나 여기 있다!'는 존재감의 표현에서 시작됩니다. 몸을 크게 사용하고, 시선을 확고히 하는 동작으로 시작해보세요.

- 와이드 스탠스 & 파워 포즈 : 발을 어깨너비보다 넓게 벌리고 무릎을 살짝 구부려 단단한 자세를 취합니다. 팔은 허리에 올리거나, 하늘로 힘껏 뻗어 올리는 등 가장 자신감 있어 보이는 포즈를 취하고 잠시 유지합

니다. 마치 영웅처럼 당당하게 서 있는 모습을 상상해보세요.

- 강력한 스텝 & 발 구르기 : 발을 바닥에 힘껏 구르며 소리를 내는 동작을 반복합니다. 리듬에 맞춰 한 발씩 힘주어 내딛거나, 두 발을 동시에 구르며 자신의 존재감을 느끼세요.

- 확장된 팔 동작 : 팔을 몸통에서 멀리 뻗어내며 크게 원을 그리거나, 대각선 위로 힘껏 뻗어 올립니다. 마치 넓은 공간을 차지하듯이 팔을 시원하게 사용합니다.

- 고개 들고 시선 맞추기 : 고개를 당당하게 들고 시선은 정면을 응시하거나, 특정 지점을 바라보세요. 불안할 때 시선이 아래로 향하기 쉬운데, 이를 극복하고 시선을 들어 올리는 것만으로도 자신감을 느낄 수 있습니다.

- 핵심 : 몸을 크게 사용하고, 당당한 자세를 취하며, 시선을 적극적으로 활용하여 내면의 힘을 밖으로 표출합니다.

2단계 에너지를 발산하고 한계를 넘어서는 움직임(10-15분)

자신감은 자신의 한계를 깨고 새로운 것을 시도하며, 에너지를 마음껏 발산하는 과정에서 더욱 커집니다.

- 점프 & 바운스 : 무릎을 사용해 몸 전체를 위아래로 힘껏 튕기듯이 점프하거나 바운스합니다. 땅을 박차고 위로 솟아오르는 느낌에 집중하며 에너지를 폭발적으로 발산합니다.
- 과감한 회전 : 제자리에서 몸을 빠르게 한 바퀴 돌거나, 두 바퀴 이상 회전해 봅니다. 처음에는 천천히 시작하더라도, 점차 속도와 횟수를 늘려가며 균형 감각과 과감함을 키웁니다.
- 강렬한 팔 흔들기 & 펀치 : 팔을 앞뒤로 강하게 흔들거나, 허공에 주먹을 날리듯이 펀치 동작을 해봅니다. 스트레스와 부정적인 감정을 털어내는 느낌으로 힘껏 움직입니다.

- 스텝 콤보(Step Combo) : 간단한 스텝(예 앞-옆-뒤 스텝, 좌우 셔플)들을 2-3가지 조합하여 나만의 짧은 스텝 콤보를 만듭니다. 이를 반복 숙달하며 성취감을 느낍니다.

- 핵심 :몸의 에너지를 적극적으로 발산하고, 익숙하지 않은 동작에 도전하며 스스로의 한계를 넘어설 때 오는 쾌감과 성취감을 느낍니다.

3단계 나를 긍정하고 축하하는 표현(5분)

춤을 통해 얻은 긍정적인 경험과 자신감을 내면화하고, 스스로에게 격려와 인정을 보내는 것이 중요합니다.

- 셀프 하이파이브/칭찬 : 춤을 추다가 잠시 멈춰 서서 스스로에게 "잘했어!", "최고야!"라고 말하며 하이파이브를 하거나, 박수를 쳐줍니다.
- 자신감 있는 마무리 포즈 : 춤의 마지막에 자신이 가장 당당하고 멋있다고 생각하는 포즈(예 팔짱 끼고 서기, 한 손을 허리에 올리고 다른 손을 하늘로 뻗기)를 취하고 잠시 멈춥니다. 그 자세 속에서 느껴지는 자신감을 음미합니다.
- 승리 세레머니 : 스포츠 선수들이 승리했을 때처럼, 팔을 높이 들고 함성을 지르거나, 어깨를 으쓱하는 등 나만의 승리 세레머니를 해봅니다.
- 핵심 :춤을 통해 얻은 긍정적인 감정과 성취감을 스스로 인정하고, 내면

의 자신감을 굳건히 다지는 시간을 갖습니다.

  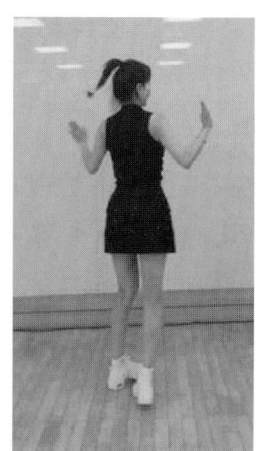

　　자신감을 높이는 춤은 '남에게 보여주기 위한 쇼'가 아니라, '나' 자신을 위한 자기 발견의 여정입니다. 매일 조금씩이라도 몸을 움직이며 당신 안의 잠재된 에너지를 깨우고, 자신감을 마음껏 표현해 보세요. 춤이 당신의 삶에 긍정적인 변화를 가져다줄 것입니다.

07 | 유산소 운동 해피댄스

　유산소 운동을 위한 춤은 심박수를 꾸준히 높게 유지하고, 전신을 사용하여 칼로리를 효과적으로 소모하는 데 중점을 둡니다. 지루하게 반복되는 운동 대신, 신나는 음악과 함께 몸을 움직이며 즐거움을 느낄 수 있다는 것이 가장 큰 장점입니다. 유산소 운동을 위한 춤에 좋은 배경 음악을 찾으시는군요! 유산소 운동은 심박수를 높이고 지속적으로 몸을 움직여 칼로리를 소모하는 것이 중요하므로, 일정하고 빠른 템포를 유지하며 에너지를 북돋는 곡들이 가장 효과적입니다.

　일정하고 강렬한 비트가 특징으로, 심박수를 높이고 유지하는 데 탁월합니다.

- Avicii - "Levels" 희망적이고 중독성 있는 멜로디가 에너지를 지속적으로 공급합니다.
- Dua Lipa - "Physical" 80년대 레트로 감성의 강렬한 신스팝으로, 유산소 운동에 최적화된 비트를 가지고 있습니다.
- Cardi B - "I Like It" 라틴 리듬과 힙합이 결합되어 흥겹고 역동적인 분위기를 만듭니다.
- Queen - "Don't Stop Me Now" 긍정적이고 폭발적인 에너지가 넘치는 록 찬가로, 운동의 마지막 스퍼트에 좋습니다.

1. 기본 스텝 및 제자리 뛰기(Warm-up & Beginner Friendly)

　가볍게 시작하며 몸을 데우고, 심박수를 서서히 올리는 데 좋습니다. 좁은 공간에서도 충분히 가능합니다.

- 제자리 걷기/뛰기(Marching/Jogging in Place) : 발을 번갈아 가볍게 들고 내리며 걷거나, 무릎을 살짝 더 높이 들며 제자리에서 가볍게 뜁니다. 팔은 자연스럽게 앞뒤로 흔들어주세요.
- 니 업(Knee Ups) : 무릎을 교대로 가슴 가까이 들어 올립니다. 팔은 허

리 높이에서 당기듯이 움직이거나, 무릎을 터치하듯이 움직여 강도를 높일 수 있습니다.

제자리 걷기/뛰기

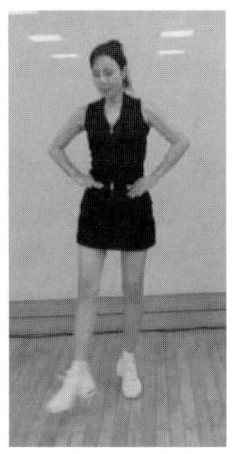
옆으로 뛰기

니 업

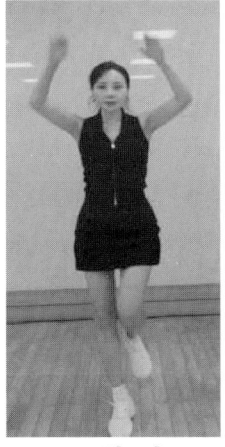
힐 킥

스텝 터치

- 힐 킥(Heel Kicks) : 발뒤꿈치를 교대로 엉덩이 쪽으로 차 올립니다. 팔은 뒤로 당기듯이 움직여 전신 운동 효과를 높여주세요.
- 스텝 터치(Step Touch) : 한 발을 옆으로 내딛고 다른 발을 그 옆으로

가져와 터치한 후 다시 반대쪽으로 반복합니다. 팔은 자연스럽게 좌우로 흔들거나 어깨 높이에서 앞뒤로 흔들어줍니다.

2. 전신 활성화 및 심박수 상승 동작(Cardio Boosters)

점차 심박수를 높이고 더 많은 근육을 사용하여 칼로리 소모를 늘리는 데 효과적입니다.

- 점핑 잭(Jumping Jacks) : 팔다리를 동시에 벌렸다가 모으는 전신 점프 운동입니다. 유산소 효과가 매우 높으며, 전신 근육을 사용합니다.
- 스쿼트 점프(Squat Jumps) : 스쿼트 자세에서 힘껏 점프하여 위로 솟아오른 후 부드럽게 착지합니다. 하체 근력을 사용하며 심박수를 빠르게 올립니다.
- 버피(Burpees - 변형) : 팔 굽혀 펴기 없이, 제자리에서 스쿼트 자세로 앉았다가 두 발을 뒤로 뻗어 플랭크 자세를 만든 후 다시 스쿼트 자세로 돌아와 일어섭니다. 강도를 높이고 싶다면 점프를 추가하세요.

점핑 잭

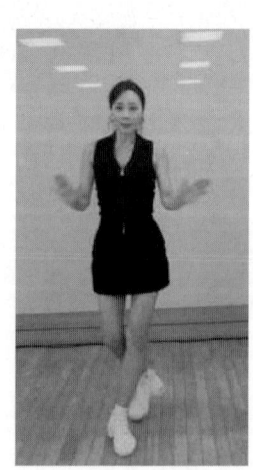
셔플 스텝

다이아몬드 스텝

- 높이뛰기(High Knees) : 무릎을 최대한 높이 가슴까지 끌어올리며 제자리에서 빠르게 뜁니다. 코어와 하체 근력을 동시에 사용합니다.
- 셔플 스텝(Shuffle Steps) : 한쪽 발을 옆으로 내딛고 다른 발을 빠르게 따라붙이며 옆으로 이동합니다. 팔은 역동적으로 움직여 속도를 높일 수 있습니다. 마치 사이드 스텝을 밟는 것처럼요.
- 댄스 에어로빅 동작 : 유튜브 등에서 댄스 에어로빅 영상을 찾아 따라 해 보세요. 리듬에 맞춰 다양한 팔다리 동작을 조합하면 즐겁게 유산소 운동을 할 수 있습니다.

3. 유연성 및 마무리 동작(Cool-down)

운동 후 심박수를 서서히 낮추고, 근육의 긴장을 풀어주는 마무리 동작입니다.

- 몸통 돌리기(Torso Twists) : 발을 어깨너비로 벌리고 몸통을 좌우로 부드럽게 비틀어줍니다. 팔은 자연스럽게 따라오도록 두거나, 옆으로 뻗어 공간을 활용합니다.

- 팔 크게 돌리기(Large Arm Circles) : 팔을 앞으로 크게 원을 그리며 돌리거나, 뒤로 돌리며 어깨와 등 근육을 이완시킵니다.
- 다리 스트레칭 : 한쪽 다리를 앞으로 뻗고 상체를 숙여 햄스트링을 늘려주거나, 한쪽 발목을 잡고 뒤로 당겨 허벅지 앞쪽을 늘려줍니다.
- 가볍게 흔들기(Gentle Sway) : 음악에 맞춰 몸 전체를 좌우로 아주 부드럽고 천천히 흔들어주며, 호흡을 정리하고 몸의 긴장을 풀어줍니다.

댄스 팁

- 좋아하는 음악 선택 가장 중요한 것은 당신이 신나고 즐거움을 느낄 수 있는 음악을 선택하는 것입니다. 음악이 지루함을 잊게 하고 운동을 지속하게 만듭니다.
- 꾸준함이 중요 처음부터 무리하지 말고, 10-15분 정도 짧게 시작하여 점차 시간을 늘려가세요.
- 몸의 소리에 귀 기울이기 통증이 느껴진다면 즉시 중단하고 휴식을 취하세요.
- 수분 섭취 운동 중에는 충분한 물을 마셔 수분을 보충해 주세요.
- 자유롭게 움직이기 정해진 안무를 완벽하게 따라 할 필요 없습니다. 동작을 변형하거나 당신만의 스타일로 움직여도 충분히 유산소 효과를 얻을 수 있습니다.

08 | 근력 운동 해피댄스

　근력 운동을 위한 춤은 단순히 유산소 효과를 넘어, 특정 근육군을 집중적으로 사용하고 강화하는 데 초점을 맞춥니다. 춤의 다양한 움직임은 맨몸 운동과 유사하게 작동하여, 전신 근육을 효과적으로 단련하고 균형감각과 유연성까지 향상시킬 수 있습니다. 근력 운동은 유산소 운동과 달리 지속적인 힘과 집중력을 요구하므로, 강력하고 묵직한 비트, 동기 부여를 주는 멜로디, 그리고 힘을 낼 수 있도록 에너지를 끌어올리는 곡들이 좋습니다. 지루함을 덜고 각 동작에 집중할 수 있도록 도와주는 음악들을 추천해 드릴게요.

- Travis Scott - "SICKO MODE" 묵직한 비트와 곡의 전환이 지루할 틈 없이 에너지를 끌어올립니다.
- AC/DC - "Thunderstruck" 전설적인 기타 리프와 강력한 비트가 즉시 아드레날린을 분출하게 합니다.
- Darude - "Sandstorm" 단순하지만 중독성 있고 강력한 비트가 운동 리듬을 유지하는 데 좋습니다.
- Dua Lipa - "Physical" 80년대 레트로 감성의 강렬한 신스팝으로, 유산소와 근력 운동 모두에 적합한 파워풀한 비트를 가지고 있습니다.

1. 하체 근력 강화 동작(Leg & Glute Focus)

　하체는 우리 몸의 가장 큰 근육군이므로, 춤을 통해 단련하면 기초대사량 증가에도 효과적입니다.

- 스쿼트 바운스(Squat Bounce) : 발을 어깨너비보다 넓게 벌리고 무릎을 굽혀 스쿼트 자세를 취합니다. 완전히 일어서지 않고, 살짝 굽힌 상태에

서 무릎을 이용해 리듬에 맞춰 위아래로 가볍게 바운스합니다. 허벅지와 엉덩이에 지속적인 자극을 줄 수 있습니다.

- 런지 스텝(Lunge Steps) : 한 발을 앞으로 크게 내딛어 런지 자세를 취하고, 다시 제자리로 돌아옵니다. 이때 팔은 리듬에 맞춰 앞뒤로 힘껏 흔들어주거나, 균형을 잡는 데 사용합니다. 좌우 번갈아 가며 반복하여 허벅지 앞뒤와 엉덩이 근육을 단련합니다.

스쿼트 바운스

런지 스텝

카프 레이즈 스텝

- 카프 레이즈 스텝(Calf Raise Steps) : 제자리에서 발뒤꿈치를 들고 발끝으로 서는 카프 레이즈 동작을 리듬에 맞춰 반복합니다. 종아리 근육 강화에 효과적이며, 발목의 안정성도 높여줍니다. 댄스 스텝 중간에 추가하기 좋습니다.
- 사이드 킥(Side Kicks) : 한쪽 다리를 옆으로 힘껏 차 올립니다. 이때 중심을 잡고 버티는 다리의 허벅지 바깥쪽과 엉덩이 근육에 집중합니다. 팔은 균형을 잡기 위해 벌리거나, 펀치 동작과 연결할 수 있습니다.
- 점프 스쿼트(Jump Squats) : 스쿼트 자세에서 폭발적으로 점프하며 위

로 솟아오른 후 부드럽게 착지합니다. 짧은 시간에 강한 하체 근력을 사용하는 동작으로, 유산소 효과도 겸할 수 있습니다.

사이드 킥   점프 스쿼트

2. 코어 및 전신 안정화 동작(Core & Full Body Stability)

코어는 모든 움직임의 중심이 되며, 춤 동작의 안정성과 파워를 높이는 데 필수적입니다.

- 몸통 트위스트(Torso Twists) : 발은 바닥에 고정하고, 코어의 힘으로 몸통을 좌우로 강하게 비틉니다. 팔은 자연스럽게 따라오게 하거나, 펀치 동작과 연결하여 복부와 옆구리 근육을 사용합니다.
- 플랭크 변형 댄스(Plank Variations) : 팔꿈치 또는 손으로 바닥을 짚고 플랭크 자세를 취한 후, 엉덩이를 좌우로 흔들거나, 한 발씩 옆으로 벌렸다 모으는 등 코어를 사용한 움직임을 추가합니다. 전신 안정화에 매우 효과적입니다.
- 마운틴 클라이머(Mountain Climber - 댄스 버전) : 플랭크 자세에서 무릎을 교대로 가슴 쪽으로 빠르게 당겨 올립니다. 리듬에 맞춰 속도를

조절하며 복부 근육을 활성화합니다.
- 전신 파도타기(Body Rolls/Waves) : 무릎부터 골반, 복부, 가슴, 어깨, 목 순서로 몸을 아래에서 위로 또는 위에서 아래로 파도처럼 부드럽게 연결하여 움직입니다. 코어와 척추 주변의 심부 근육을 섬세하게 사용하고 유연성도 기릅니다.

몸통 트위스트　　　마운틴 클라이머　　　플랭크 변형 댄스

3. 상체 및 팔 근력 강화 동작(Upper Body & Arm Focus)

팔과 상체의 움직임은 춤의 표현력을 높일 뿐만 아니라, 근력 강화에도 기여합니다.
- 쉐도우 복싱(Shadow Boxing) 주먹을 쥐고 팔을 앞, 옆, 위로 힘껏 뻗어 펀치를 날리는 동작을 반복합니다. 팔과 어깨 근육을 단련하고, 코어의 회전도 함께 사용하여 전신 운동 효과를 높입니다.
- 파워풀 암 스윙(Powerful Arm Swings) 팔을 크게 원을 그리며 휘두르거나, 대각선으로 힘껏 뻗어 올립니다. 팔과 어깨 근육의 지구력과 파워를 키웁니다.

- 푸쉬업 댄스(Push-up Dance - 변형) 무릎을 댄 푸쉬업 자세에서 팔을 굽혔다 펴는 동작을 리듬에 맞춰 반복하거나, 푸쉬업 자세 후 한 손을 들어 올리는 등 춤 동작을 연결하여 가슴과 삼두근을 단련합니다.
- 등 근육 사용 팔을 뒤로 당기듯이 움직이거나, 팔꿈치를 옆구리 쪽으로 힘껏 당겨 내리는 동작을 통해 등 근육을 활성화합니다. 마치 무거운 짐을 당기듯이 힘을 주어 움직여보세요.

댄스 팁

- 천천히 정확하게 유산소 춤과는 다르게, 근력 춤은 동작을 천천히 정확하게 수행하여 해당 근육에 자극이 오는 것을 느끼는 것이 중요합니다.
- 반복 횟수/세트 : 각 동작을 10-15회 반복하고 2-3세트를 진행하는 것을 목표로 하세요.
- 저항감 느끼기 : 움직일 때 마치 공기 중에 저항이 있는 것처럼 근육에 힘을 주며 움직이면 더 큰 운동 효과를 얻을 수 있습니다.
- 음악 선택 : 박자가 명확하고, 당신이 힘을 낼 수 있도록 동기 부여가 되는 강렬한 비트의 음악이 좋습니다. 힙합, 록, 강렬한 팝 등이 적합합니다.

09 | 유연성 강화 해피댄스

유연성은 단순히 몸을 얼마나 늘릴 수 있는가를 넘어, 움직임의 효율성을 높이고 부상을 예방하며, 일상생활의 편안함을 더하는 중요한 신체 능력입니다. 춤은 몸의 각 부분을 부드럽게 사용하고, 관절의 가동 범위를 점진적으로 늘리며, 근육의 긴장을 이완하는 데 탁월한 도구입니다.

유연성 운동은 몸의 긴장을 풀고, 관절의 가동 범위를 부드럽게 늘리는 데 중점을 두므로, 잔잔하고 부드러우며, 물 흐르듯 이어지는 멜로디의 음악이 가장 적합합니다.

- Enya - "Watermark" 몽환적이고 잔잔한 멜로디가 물처럼 부드러운 움직임을 유도합니다.
- Claude Debussy - "Clair de Lune" 달빛처럼 부드럽고 아름다운 피아노곡으로, 유연성 운동에 최적의 분위기를 제공합니다.
- Norah Jones - "Don't Know Why" 부드러운 보컬과 재즈 선율이 편안하고 이완된 분위기를 만듭니다.

1. 전신을 연결하는 부드러운 웨이브(Fluid Full-Body Waves)

몸의 각 부분이 마치 물결처럼 연결되어 움직이는 웨이브 동작은 척추의 유연성을 높이고 전신을 부드럽게 이완하는 데 좋습니다.

1) 척추 웨이브(Spine Wave)

- 아래에서 위로 무릎을 살짝 구부리고 골반을 앞으로 내밀면서 척추 아랫부분부터 순서대로 허리, 등, 가슴, 어깨, 목 순으로 파도처럼 몸을 일으켜 세웁니다. 마치 뱀이 움직이듯 부드럽게 연결하세요.

- 위에서 아래로 턱을 가슴으로 당기고 목부터 순서대로 어깨, 가슴, 등, 허리, 골반 순으로 몸을 둥글게 숙여 내려갑니다.

- 핵심 :각 척추 마디가 따로 움직이는 느낌으로 최대한 부드럽고 천천히 연결하는 데 집중하세요.

2) 팔 웨이브(Arm Wave)

- 손목부터 팔꿈치, 어깨 순으로 팔 전체를 파도처럼 움직입니다. 반대로

어깨부터 손목으로 이어지는 웨이브도 연습합니다.
- 핵심 : 팔의 각 관절이 부드럽게 이어지는 느낌에 집중하며, 물 흐르듯 유연하게 만드세요.

2. 몸을 확장하고 늘리는 스트레칭 동작(Expansive Stretches)

몸을 최대한 길게 늘리고, 관절의 가동 범위를 넓히는 데 중점을 둡니다.

1) 사이드 밴드(Side Bends)

두 발을 어깨너비로 벌리고 선 채, 한쪽 팔을 머리 위로 길게 뻗어 반대쪽으로 몸을 기울입니다. 옆구리 전체가 길게 늘어나는 것을 느끼세요. 팔은 최대한 멀리 뻗고, 몸통이 앞으로 굽혀지지 않도록 주의합니다. 핵심은 숨을 내쉬면서 더 깊게 늘려주고, 천천히 원래 자세로 돌아옵니다.

2) 다리 확장(Leg Extensions)

- 프론트 킥/백 킥(Front/Back Kicks - 유연성 버전) : 다리를 앞으로 또는 뒤로 최대한 높이 들어 올립니다. 힘껏 차 올리기보다는, 다리의 무

게를 이용하여 천천히 유연성을 늘리는 느낌으로 합니다.
- 사이드 레그 리프트(Side Leg Lifts) : 한쪽 다리를 옆으로 최대한 높이 들어 올립니다. 이때 중심을 잡는 다리는 약간 구부려도 좋습니다.
- 핵심 : 다리를 들어 올릴 때 골반이 틀어지지 않도록 코어에 힘을 주고 균형을 유지하는 데 집중하세요. 발끝까지 길게 뻗는다는 느낌으로 합니다.

3) 가슴 및 어깨 열기(Chest & Shoulder Opening)
- 양팔을 뒤로 깍지 끼고 어깨를 활짝 편 채, 깍지 낀 손을 아래로 누르거나 위로 들어 올립니다. 가슴과 어깨가 활짝 열리는 것을 느낍니다.
- 핵심 :호흡을 깊게 하며, 어깨와 가슴 앞쪽의 시원함을 느껴보세요.

3. 균형과 조절력을 높이는 동작(Balance & Control)

유연한 움직임은 섬세한 근육 조절과 균형 감각을 요구합니다. 균형 동작은 이를 동시에 훈련합니다.

1) 한 발 서기(Single Leg Balance)
- 한 발을 들고 선 채로 균형을 잡습니다. 든 다리를 앞, 옆, 뒤로 천천히 움직이거나, 무릎을 굽혀 발뒤꿈치를 엉덩이에 붙이는 등 다양한 자세를 취해봅니다.
- 핵심 : 시선은 한 곳을 응시하고, 코어에 힘을 주어 몸의 중심을 단단히 잡는 것이 중요합니다.

2) 느린 회전(Slow Turns/Spins)
- 몸의 중심을 잡고 아주 천천히 제자리에서 한 바퀴 또는 반 바퀴를 돕니다. 어지럽지 않도록 시선을 한 곳에 고정했다가 몸이 돌아가면 다시 그 지점을 찾는 '스팟팅(Spotting)' 기법을 사용하면 좋습니다.
- 핵심 : 급하게 돌기보다는 몸의 컨트롤에 집중하며 부드럽게 회전하는 연습을 합니다.

댄스 팁

- 따뜻한 몸 근육이 경직된 상태에서는 유연성 운동을 피하고, 가벼운 제자리 걷기나 스트레칭으로 몸을 충분히 따뜻하게 만든 후 시작합니다.
- 숨쉬기 동작 중에 숨을 참지 말고, 길고 깊게 호흡하는 것이 중요합니다. 특히 몸을 늘리거나 굽힐 때 숨을 내쉬면 더 깊은 스트레칭이 가능합니다.
- 점진적인 접근 처음부터 무리하게 몸을 늘리려 하지 말고, 통증 없이 편안한 범위 내에서 점진적으로 가동 범위를 넓혀나갑니다. 꾸준함이 가장 중요합니다.
- 음악 선택 잔잔하고 부드러우며, 물 흐르듯 이어지는 멜로디의 음악(뉴에이지, 앰비언트, 클래식 발라드, 부드러운 재즈)이 좋습니다. 음악이 몸의 움직임을 더욱 유연하게 이끌어줍니다.
- 느낌에 집중 '잘' 하는 것보다 몸이 늘어나고 이완되는 감각에 집중하는 것이 핵심입니다.

10 | 자세 교정 해피댄스

 자세 교정은 단순히 보기 좋은 몸을 만드는 것을 넘어, 몸의 불균형을 해소하고 통증을 줄이며, 효율적인 움직임을 가능하게 하여 전반적인 건강과 삶의 질을 높이는 데 매우 중요합니다. 춤은 몸의 중심을 잡고, 좌우 균형을 맞추며, 척추를 바르게 정렬하는 데 도움을 주는 이상적인 활동입니다.

- Enya - "Orinoco Flow" 몽환적이고 부드러운 멜로디가 편안함을 주며, 몸의 흐름을 유도합니다.
- Claude Debussy - "Clair de Lune" 달빛처럼 부드럽고 아름다운 피아노곡으로, 자세 교정 운동에 최적의 평화로운 분위기를 제공합니다.
- ChilledCow(Lofi Girl) - "lofi hip hop radio – beats to relax/study to" 유튜브에서 쉽게 접근할 수 있는 24시간 스트리밍 채널입니다. 다양한 로파이 곡들이 계속 나와서 좋습니다.
- Jinsang - "Affection" 부드러운 재즈 샘플과 편안한 비트가 몸의 이완과 자세 인지에 도움을 줍니다.

1. 몸의 중심과 정렬을 인지하는 기본 동작

 자세 교정의 첫걸음은 내 몸의 중심이 어디에 있고, 어떻게 정렬되어 있는지를 인지하는 것입니다.

1) 벽을 이용한 정렬

- 벽에 뒤꿈치, 엉덩이, 어깨, 뒤통수를 모두 붙이고 서 봅니다. 이 자세가 가장 이상적인 척추의 정렬입니다. 이 상태에서 제자리걸음이나 팔 흔들기 등 아

주 작은 동작을 해보면서, 벽에서 떨어지지 않도록 몸의 중심을 유지하는 연습을 합니다.
- 핵심 : 몸의 무게 중심이 발바닥 전체에 고르게 분산되는 것을 느끼고, 벽에 닿는 각 부분이 떨어지지 않도록 복부(코어)에 힘을 주어 척추를 바르게 세우는 감각을 익힙니다.

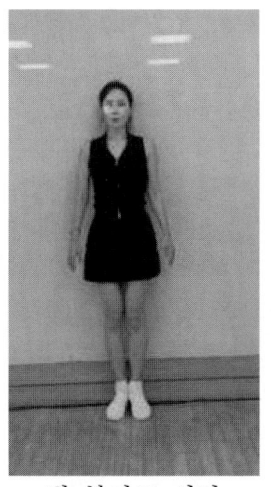 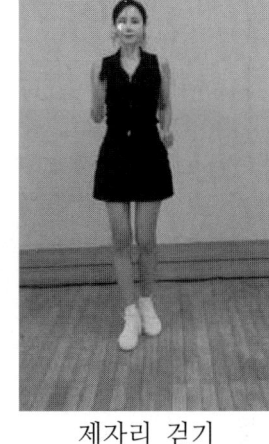

벽 붙이고 서기 　　제자리 걷기

2) 중심 잡고 제자리 걷기(Mindful Marching)
- 발을 어깨너비로 벌리고 섭니다. 한 발씩 천천히 무릎을 들어 올리며 제자리 걷기를 합니다. 이때 무릎을 올리는 다리 쪽으로 골반이 기울어지지 않도록 좌우 균형을 맞추는 데 집중합니다. 시선은 정면을 응시합니다.
- 핵심 : 코어 근육을 사용하여 몸통이 흔들리지 않게 고정하고, 척추가 위로 길게 늘어나는 느낌을 유지하며 움직입니다.

2. 코어 강화 및 불균형 해소 동작

잘못된 자세는 종종 약화된 코어 근육이나 특정 근육군의 불균형에서 옵니다.

코어를 강화하고 좌우 대칭을 맞추는 데 집중합니다.

1) 골반 트위스트(Pelvic Tilts & Twists)

- 발을 어깨너비로 벌리고 무릎을 살짝 구부립니다. 골반을 앞뒤로 기울이거나 (골반 경사), 좌우로 부드럽게 원을 그리듯이 돌립니다. 또는 골반을 좌우로 비틀어 줍니다.
- 핵심 : 복부 근육을 사용하여 골반의 움직임을 조절하고, 척추 하부의 유연성을 높여줍니다. 뻣뻣한 쪽을 더 부드럽게 움직이려 노력하세요.

골반 트위스트

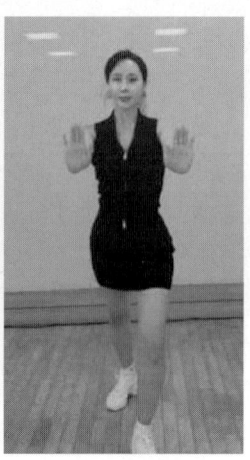
골반 트위스트

사이드 런지

2) 사이드 런지(Side Lunges) & 몸통 회전

- 한 발을 옆으로 크게 내딛어 런지 자세를 취하고, 다시 돌아옵니다. 이때 몸통을 런지한 다리 쪽으로 살짝 비틀어주며 스트레칭을 추가합니다. 좌우 번갈아 가며 반복합니다.
- 핵심 : 다리 근력과 함께 코어의 회전력과 안정성을 기릅니다. 좌우 균형을 맞추며 천천히 수행합니다.

3) 어깨 회전 및 견갑골 안정화(Shoulder Rolls & Scapular Squeezes)
- 어깨를 앞뒤로 크게 원을 그리듯이 돌립니다. 이때 어깨를 귀 쪽으로 끌어올렸다가 뒤로 크게 돌려 아래로 내리는 동작(견갑골 안정화)에 집중합니다. 팔은 자연스럽게 늘어뜨립니다.
- 핵심 : 라운드 숄더(굽은 어깨) 교정에 특히 효과적이며, 어깨 주변 근육의 긴장을 풀고 바른 어깨 정렬을 돕습니다.

3. 전신 연결 및 자세 유지 능력 향상 동작

이제는 앞서 배운 개별 동작들을 연결하여, 바른 자세를 유지하는 힘과 능력을 기릅니다.

1) 팔 동작과 함께하는 균형 스텝
- 동작 제자리에서 스텝 터치나 가벼운 워킹을 하면서, 동시에 팔을 옆으로 뻗어 올리거나, 가슴 앞에서 모으는 등 다양한 팔 동작을 추가합니다. 이때 척추의 정렬이 흐트러지지 않도록 코어에 힘을 주고 몸통을 고정하는 데 집중합니다.
- 핵심 : 팔의 움직임이 몸의 균형을 방해하지 않도록 코어의 안정성을 유지하는 것이 중요합니다.

2) 느린 흐름의 연결 동작(Slow Flow & Transitions)
- '벽 정렬 → 중심 잡고 걷기 → 골반 트위스트 → 어깨 회전' 등 앞서 배운 동작들을 음악에 맞춰 끊김 없이 부드럽게 연결합니다. 각 동작 사이의 전환을 자연스럽게 만듭니다.
- 핵심 : 단순히 동작을 하는 것을 넘어, 한 동작에서 다음 동작으로 넘어갈

때도 몸의 중심과 정렬을 의식적으로 유지하는 연습을 합니다.

3) 마무리 포즈(Holding Posture)

- 모든 움직임을 마친 후, 가장 바르고 당당하다고 생각하는 자세(예 양발을 어깨너비로 벌리고 어깨를 펴고 고개를 바로 세운 자세)로 서서 30초에서 1분 정도 유지합니다.
- 핵심 : 이 자세에서 몸의 각 부분이 어떻게 정렬되어 있는지 다시 한번 인지하고, 바른 자세를 유지하는 근육의 느낌을 기억합니다.

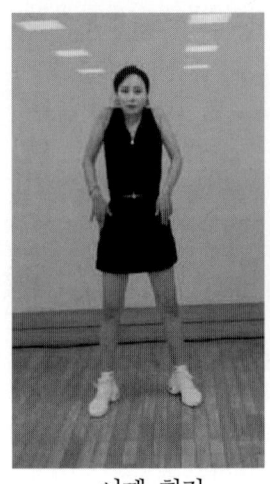 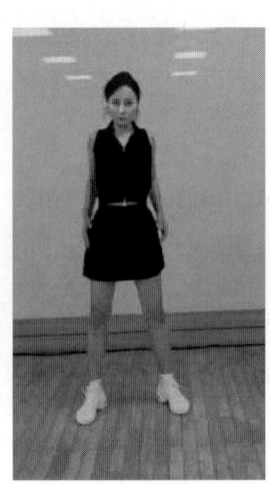

어깨 회전　　　　　견갑골 내리기

댄스 팁

- 거울 활용 거울을 보면서 자신의 자세와 움직임을 확인하면, 잘못된 부분을 더 쉽게 인지하고 교정할 수 있습니다.
- 느린 템포와 정확성 빠르고 격렬한 동작보다는 느리고 정확하게 움직임에 집중하는 것이 중요합니다. 각 동작이 어떤 근육을 사용하고, 몸의 어디에 영향을 주는지 느껴보세요.

- 호흡 모든 동작에서 깊고 규칙적인 호흡을 유지하세요. 호흡은 몸의 긴장을 풀고, 코어를 활성화하는 데 도움을 줍니다.
- 꾸준함 자세 교정은 단기간에 이루어지지 않습니다. 매일 짧게라도 꾸준히 연습하는 것이 중요합니다.
- 음악 선택 잔잔하고 차분하면서도 명확한 비트가 있는 음악(예 뉴에이지, 앰비언트, 클래식 발라드, 로파이 힙합)이 좋습니다. 몸의 움직임에 집중하고, 마음을 안정시키는 데 도움을 줍니다.

어깨 돌리기

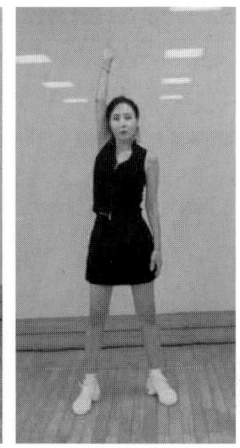
팔돌리기

　이 동작들을 통해 당신의 몸이 더 균형 잡히고, 바르게 정렬되는 것을 경험할 수 있을 것입니다. 자세가 교정되면 일상생활의 편안함은 물론, 자신감까지 향상될 수 있습니다.

11 | 통증 완화 해피댄스

통증이 있을 때 몸을 움직이는 것은 두려울 수 있지만, 적절한 춤 동작은 통증 부위의 혈액 순환을 개선하고, 근육의 긴장을 이완하며, 관절의 유연성을 높여 통증 완화에 큰 도움을 줄 수 있습니다. 또한, 엔도르핀 분비를 촉진하여 자연 진통 효과를 주기도 합니다. 중요한 것은 통증을 유발하지 않는 범위 내에서 부드럽고 섬세하게 움직이는 것입니다.

통증 완화를 위한 춤에 좋은 배경 음악을 찾으시는군요! 통증 완화 춤은 몸의 긴장을 풀고, 혈액 순환을 개선하며, 마음을 안정시키는 데 중점을 둡니다. 따라서 잔잔하고 부드러우며, 치유와 이완을 돕는 분위기의 음악이 가장 적합합니다.

- Enya - "Only Time" 잔잔하고 몽환적인 멜로디가 마음을 편안하게 감싸주어 통증으로 인한 불안감을 줄이는 데 좋습니다.
- Claude Debussy - "Clair de Lune" 달빛처럼 부드럽고 아름다운 피아노곡으로, 통증 완화 춤에 최적의 평화로운 분위기를 제공합니다.
- Norah Jones - "Come Away With Me" 부드러운 보컬과 재즈 선율이 편안하고 이완된 분위기를 만듭니다.

1단계 통증 부위 이완 및 혈액 순환 촉진(부드러운 시작)

통증이 있다면 처음에는 아주 부드럽고 작은 움직임으로 시작하여 몸의 긴장을 풀어주고 혈액 순환을 돕는 데 집중합니다.

1) 부드러운 흔들림(Gentle Sway)

발을 어깨너비로 벌리고 무릎을 살짝 구부립니다. 몸 전체를 좌우로 아주 부드럽고 천천히 흔들어줍니다. 마치 바람에 흔들리는 나뭇잎처럼요. 팔은 자연스럽게 늘어뜨립니다. 통증이 있는 부위에 긴장이 풀리는 것을 느껴봅니다.

 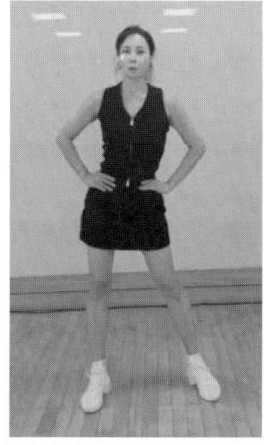 

골반 회전하기   골반 좌우로 흔들기

2) 관절 풀기(Joint Mobility - Gentle)

어깨 돌리기   팔돌리기

- 손목/발목 돌리기 : 앉거나 선 채로 손목과 발목을 천천히 크게 원을 그리듯이 돌려줍니다.

- 어깨/목 돌리기 : 어깨를 앞뒤로 작게 원을 그리거나, 목을 좌우로 천천히 기울이거나 반원만 그려줍니다. 통증이 없는 범위 내에서만 움직입니다.
- 복식 호흡과 함께 이완(Diaphragmatic Breathing with Release) : 숨을 깊게 들이쉬면서 배가 부풀어 오르게 하고, 숨을 내쉬면서 '하~' 소리와 함께 몸의 모든 긴장을 바닥으로 흘려보내듯이 팔다리를 툭 늘어뜨립니다.

2단계 통증 부위 주변 근육 강화 및 가동 범위 확대(점진적 움직임)

몸이 조금 이완되었다면, 통증 부위 주변의 약화된 근육을 강화하고, 관절의 가동 범위를 점진적으로 늘려주는 동작을 시도합니다.

- 골반 부드럽게 돌리기(Gentle Pelvic Circles) : 무릎을 살짝 굽힌 상태에서 골반을 천천히 작게 원을 그리듯 돌립니다. 시계 방향, 반시계 방향 모두 부드럽게 연결합니다.(허리 통증 완화에 도움)
- 벽 지탱 스쿼트/미니 런지(Wall-Supported Squats/Mini Lunges) : 벽에 기대어 무릎을 살짝 굽혔다가 펴는 스쿼트 동작을 하거나, 아주 짧게 한 발만 앞으로 내딛는 미니 런지 동작을 합니다.(무릎, 허리 통증 완화에 도움) 통증이 없는 범위 내에서만 천천히 진행합니다.
- 척추 웨이브(Gentle Spine Wave; 등, 허리 통증) : 무릎을 살짝 구부리고, 골반부터 천천히 척추를 하나하나 움직여 가슴까지 연결되는 웨이브를 만들어 봅니다. 반대로 턱을 당겨 목부터 척추를 둥글게 말아 내려가는 동작도 부드럽게 시도합니다. 큰 동작보다는 작은 움직임에 집중합니다.
- 팔 확장과 호흡(Arm Extension with Breath) : 숨을 들이쉬면서 양팔을 옆으로 천천히 들어 올려 머리 위에서 모았다가, 숨을 내쉬면서 부드럽게 내려줍니다. 팔을 들어 올릴 때 어깨와 등의 긴장을 느끼고, 내쉴 때 이완시킵니다.(어깨, 목 통증 완화에 도움)

- 가벼운 스텝 터치(Light Step Touch) : 한 발을 옆으로 가볍게 내딛고 다른 발을 그 옆으로 가져와 터치한 후 다시 반대쪽으로 반복합니다. 팔은 자연스럽게 늘어뜨리거나 아주 작게 흔듭니다.(전신 유산소 효과와 함께 관절 부드럽게)
- 핵심 :통증을 유발하는 지점 직전까지만 움직이고, 절대 무리하지 않습니다. 각 동작 시 통증 부위가 어떻게 반응하는지 집중하며, 호흡과 함께 긴장을 풀어줍니다.

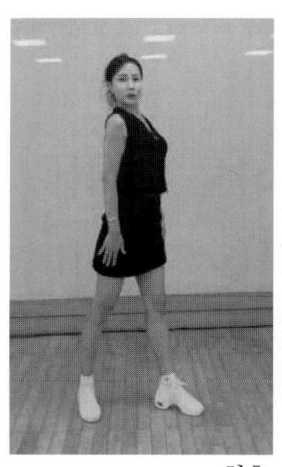 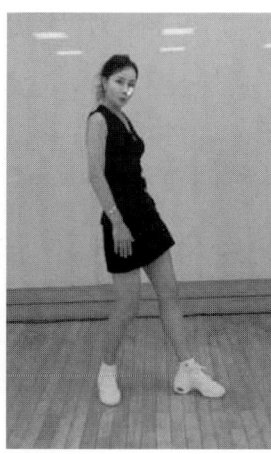 

척추 웨이브   상체 구부리기

3단계 몸과 마음의 연결을 통한 통증 관리(마무리 및 이완)

춤을 통해 얻은 편안함과 이완을 내면화하고, 통증에 대한 인식을 긍정적으로 변화시키는 마무리 단계입니다.

- 자기 포옹(Self-Hug) : 모든 움직임을 멈추고 두 팔로 자신을 감싸 안습니다. 눈을 감고 "괜찮아", "나아지고 있어"와 같은 긍정적인 자기 암시를 해줍니다.
- 따뜻한 빛 상상하기 : 눈을 감고 통증이 있는 부위에 따뜻하고 부드러운 빛이 스며들어 통증을 완화시킨다고 상상합니다. 빛이 통증을 감싸고 녹여낸다고 생

각하며 깊게 호흡합니다.
- 천천히 호흡하며 서 있기(Mindful Standing) : 두 발을 지면에 단단히 붙이고, 척추를 길게 늘린다는 느낌으로 서 있습니다. 몇 차례 깊은 심호흡을 하며 지금 이 순간 느껴지는 편안함과 안정감에 집중합니다.
- 핵심 : 통증에 대한 불안감을 줄이고, 몸의 자연 치유력을 믿는 긍정적인 마음을 가지는 데 집중합니다.

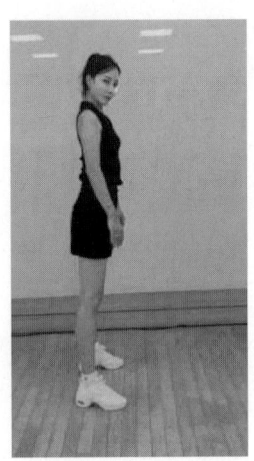

척추 구부리기

숨 쉬기

댄스 팁

- 전문가와 상담 만약 만성적이거나 심한 통증이 있다면, 춤 동작을 시작하기 전에 반드시 의사나 물리치료사와 상담하여 본인의 상태에 맞는 동작인지 확인해야 합니다.
- 통증 유발 시 즉시 중단 어떤 동작이든 통증이 심해지거나 새로운 통증이 발생한다면 즉시 중단하고 휴식을 취해야 합니다.
- 꾸준함과 인내 통증 완화는 시간이 필요합니다. 매일 짧게라도 꾸준히, 무리하지 않는 범위 내에서 춤을 추는 것이 중요합니다.

12 | 면역력 강화 해피댄스

면역력은 우리 몸을 질병으로부터 보호하는 중요한 방어 시스템입니다. 춤은 단순히 즐거운 활동을 넘어, 혈액 순환을 촉진하고, 림프계 활동을 활성화하며, 스트레스를 감소시켜 면역 체계를 강화하는 데 매우 효과적입니다. 격렬한 운동이 아니어도, 꾸준히 몸을 움직이는 것만으로도 면역력 증진에 큰 도움을 줄 수 있습니다.

면역력 강화 춤은 몸의 활력을 깨우고, 혈액 순환을 촉진하며, 스트레스를 감소시키는 데 중점을 둡니다. 따라서 긍정적인 에너지를 주고, 몸을 움직이게 하며, 마음을 편안하게 해주는 다양한 분위기의 음악이 좋습니다.

- Justin Timberlake - "Can't Stop The Feeling!" 밝고 경쾌한 멜로디와 긍정적인 에너지가 넘쳐흐릅니다.
- Enya - "Only Time" 잔잔하고 몽환적인 멜로디가 마음을 편안하게 감싸주어 불안감을 줄이는 데 좋습니다.
- Claude Debussy - "Clair de Lune" 달빛처럼 부드럽고 아름다운 피아노곡으로, 몸의 긴장을 풀고 마음을 가라앉히는 데 좋습니다.
- Mark Ronson ft. Bruno Mars - "Uptown Funk" 펑키한 리듬과 브루노 마스의 에너지가 넘쳐흐르는 곡으로, 몸을 저절로 움직이게 합니다.

1단계 림프 순환 촉진 및 노폐물 배출

면역 체계의 중요한 부분인 림프계는 몸의 노폐물을 배출하고 면역 세포를 운반합니다. 림프 순환을 돕는 부드러운 움직임으로 시작합니다.

- 가벼운 흔들기(Gentle Shaking) : 편안하게 선 자세에서 온몸을 부드럽게 흔

들어 줍니다. 손목, 팔꿈치, 어깨, 무릎, 발목까지 모든 관절을 가볍게 털어내듯이 움직입니다. 마치 몸속의 정체된 에너지를 밖으로 털어낸다는 느낌으로 합니다.

- 림프 마사지 스텝(Lymphatic Step-Touch) : 한 발을 옆으로 가볍게 내딛고 다른 발을 그 옆으로 가져와 터치하며 움직입니다. 이때 팔은 자연스럽게 늘어뜨리거나, 팔꿈치를 구부려 옆구리 쪽으로 살짝 눌러주듯이 움직여 겨드랑이와 사타구니 주변의 림프절을 부드럽게 자극합니다.
- 천천히 팔 들어 올리기(Slow Arm Raises) : 숨을 들이쉬면서 양팔을 옆으로 천천히 들어 올려 머리 위에서 모았다가, 숨을 내쉬면서 부드럽게 내려줍니다. 림프액이 흐르는 통로가 열리는 것을 상상하며 천천히 움직입니다.
- 핵심 : 부드럽고 반복적인 움직임으로 림프계의 순환을 돕고, 몸의 노폐물 배출을 촉진합니다.

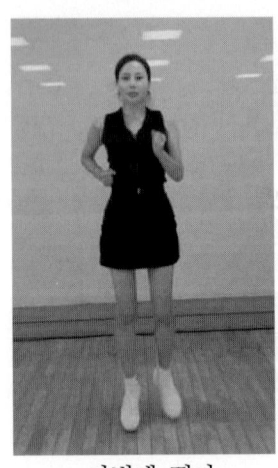  

가볍게 뛰기   손 뿌리기

2단계 혈액 순환 증진 및 활력 충전

적당히 심박수를 높이는 유산소 운동은 혈액 순환을 개선하고, 면역 세포의 활성도를 높이는 데 매우 효과적입니다.

- 제자리 걷기/조깅(Marching/Jogging in Place) : 제자리에서 발을 번갈아 들어 올리며 걷거나, 무릎을 살짝 더 높이 들며 가볍게 조깅합니다. 팔은 자연스럽게 앞뒤로 흔들어 혈액 순환을 돕습니다.
- 점핑 잭(Jumping Jacks) : 팔다리를 동시에 벌렸다가 모으는 전신 점프 운동입니다. 심박수를 빠르게 올리고 전신 근육을 사용하여 면역 체계를 활성화합니다.
- 니 업(Knee Ups) : 무릎을 교대로 가슴 가까이 들어 올립니다. 팔은 허리 높이에서 당기듯이 움직이거나, 무릎을 터치하듯이 움직여 강도를 높입니다.

 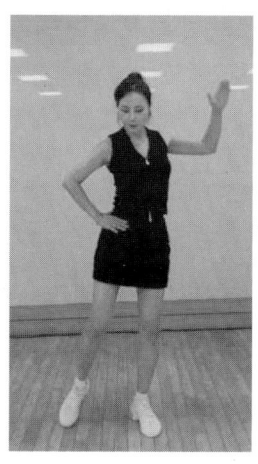 

- 자유로운 바운스(Free Bounce) : 무릎을 살짝 구부린 상태에서 몸 전체를 위아래로 가볍게 튕기듯이 바운스합니다. 음악의 리듬에 맞춰 자유롭게 몸을 움직이며 에너지를 끌어올립니다.
- 과감한 팔 동작(Expansive Arm Movements) : 팔을 크게 원을 그리며 휘두르거나, 앞뒤로 힘껏 뻗어줍니다. 혈액 순환을 돕고, 몸의 에너지를 활발하게 만듭니다.

- 핵심 : 규칙적이고 활기찬 움직임으로 심박수를 적정 수준으로 유지하고, 혈액과 에너지의 순환을 촉진합니다.

3단계 스트레스 해소 및 정서적 안정

스트레스는 면역력 저하의 주범입니다. 춤은 스트레스를 해소하고 긍정적인 감정을 유도하여 면역 체계를 강화하는 데 기여합니다.

- 자유로운 즉흥 춤(Free Improvisation) : 어떤 동작을 해야 한다는 부담 없이, 음악을 들으며 몸이 이끄는 대로 자유롭게 움직여 보세요. 감정을 몸으로 표현하고 해소하는 데 집중합니다.
- 깊은 호흡과 함께 몸 이완(Deep Breathing with Release) : 춤의 마지막 단계에서 움직임을 천천히 멈추고, 두 발을 지면에 단단히 붙이고 눈을 감습니다. 몇 차례 깊은 복식 호흡을 하며 몸 안의 긴장이 풀리고 평온함이 찾아오는 것을 느껴봅니다.
- 자기 포옹(Self-Hug) : 두 팔로 자신을 감싸 안고, 스스로에게 "수고했어", "잘했어", "나는 소중해"와 같은 긍정적인 말을 건네며 몸과 마음에 감사함을

전합니다.
- 핵심 : 춤을 통해 스트레스를 해소하고, 긍정적인 감정을 느끼며, 몸과 마음의 연결을 강화합니다.

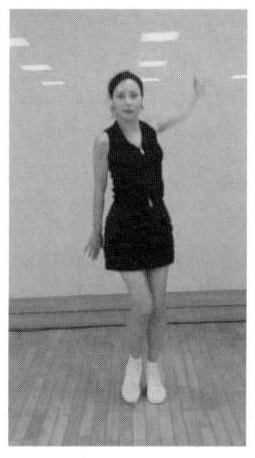 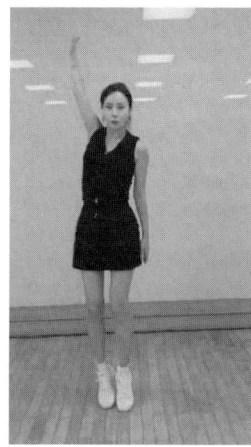 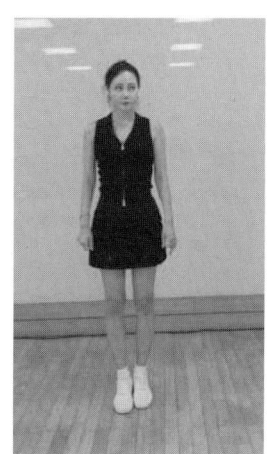

댄스 팁

- 꾸준함이 중요 : 매일 15-30분 정도 꾸준히 춤을 추는 것이 면역력 향상에 더 효과적입니다.
- 통증 없이 즐겁게 : 어떤 동작이든 통증이 느껴진다면 즉시 중단하고 휴식을 취하세요. 즐거움을 느끼면서 움직이는 것이 중요합니다.
- 수분 섭취 : 춤을 추는 동안 충분한 물을 마셔 수분을 보충해 주세요.
- 긍정적인 마음 : 춤을 통해 몸의 활력을 되찾고, 스스로를 돌보는 긍정적인 마음을 가지는 것이 면역력 증진에 큰 도움이 됩니다.

이 동작들을 조합하여 당신만의 '면역력 강화 댄스 루틴'을 만들어보세요. 춤이 당신의 면역 체계를 튼튼하게 만드는 즐거운 습관이 될 것입니다!

13 | 노화 방지 해피댄스

노화 방지는 단순히 외적인 젊음을 넘어, 신체적, 정신적 기능을 오랫동안 건강하게 유지하는 것을 의미합니다. 춤은 신체 활동을 통해 근력, 유연성, 균형 감각을 강화하고, 뇌 기능을 활성화하며, 스트레스를 줄여 전반적인 노화 방지에 탁월한 효과를 제공합니다.

노화 방지 춤은 신체적, 정신적 활력을 유지하고, 인지 기능을 자극하며, 스트레스를 줄이는 데 초점을 맞춥니다. 따라서 다양한 분위기를 아우르면서도 긍정적이고 활기찬 에너지를 주고, 때로는 차분하게 집중을 돕는 음악들이 좋습니다.

- Bruno Mars - "Uptown Funk" 펑키한 그루브와 다양한 악기 소리가 리듬에 대한 인지력을 높여주며 즐거움을 줍니다.
- Dua Lipa - "Levitating" 디스코와 팝이 결합된 신나는 리듬과 반복적인 멜로디가 뇌를 활성화합니다.
- Dave Brubeck Quartet - "Take Five" 독특한 5/4박자 리듬이 뇌를 자극하여 새로운 리듬 패턴을 인지하는 데 도움을 줍니다.
- Avicii - "Levels" 희망적이고 중독성 있는 멜로디가 활력을 불어넣고 긍정적인 분위기를 만듭니다.

1. 뇌 기능 활성화 및 인지 능력 향상 동작

새로운 것을 배우고 기억하며, 몸을 통제하는 과정은 뇌를 활발하게 자극하여 인지 능력 저하를 예방합니다.

- 새로운 안무 배우기 : 유튜브, 온라인 강좌, 또는 댄스 스튜디오에서 짧고 간단한 안무를 주기적으로 배우세요. 동작의 순서를 기억하고, 음악에 맞춰

몸을 움직이는 과정 자체가 뇌를 훈련시킵니다.
- 팁 : 처음에는 3~4가지 동작으로 구성된 짧은 시퀀스부터 시작하여 점차 길이를 늘려보세요. 틀려도 괜찮으니 꾸준히 반복하는 것이 중요합니다.
- 좌우 뇌 균형 : 댄스 오른손으로 왼쪽 발을 터치하고, 왼손으로 오른쪽 발을 터치하는 등 좌우 교차 움직임을 반복합니다. 이 동작은 좌뇌와 우뇌를 동시에 사용하게 하여 뇌 기능을 활성화합니다.
- 즉흥 춤 & 자유로운 표현 : 음악을 들으며 어떤 규칙 없이 몸이 이끄는 대로 자유롭게 움직여 보세요. 창의적인 움직임은 뇌의 유연성과 문제 해결 능력을 향상시키는 데 도움을 줍니다.

  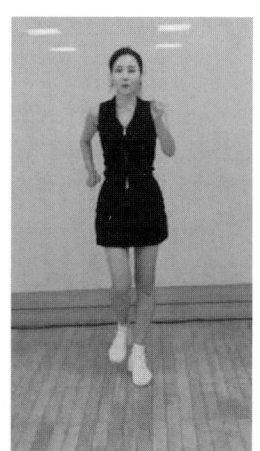

2. 균형 감각 및 낙상 예방 동작

나이가 들수록 약해지기 쉬운 균형 감각은 낙상 사고로 이어질 수 있습니다. 춤은 균형을 잡는 능력을 향상시켜 낙상을 예방합니다.

1) 한 발 서기 변형
- 발로 서서 균형을 잡고, 다른 쪽 다리를 앞, 옆, 뒤로 천천히 움직이거나 무릎을 구부려 발을 올리는 자세를 취합니다. 팔은 자유롭게 뻗어 균형을 잡습니다.
- 팁 : 처음에는 벽이나 의자를 잡고 시작하고, 점차 지지 없이 서는 연습을 합니다. 코어에 힘을 주고 시선을 한 곳에 고정하는 것이 중요합니다.

2) 느린 회전(Slow Turns)
- 제자리에서 아주 천천히 한 바퀴 또는 반 바퀴를 돕니다. 어지럽지 않도록 시선을 한 곳에 고정했다가 몸이 돌아가면 다시 그 지점을 찾는 '스팟팅(Spotting)' 기법을 사용하면 좋습니다.
- 팁 : 몸의 중심을 느끼며 부드럽게 회전하는 데 집중합니다.

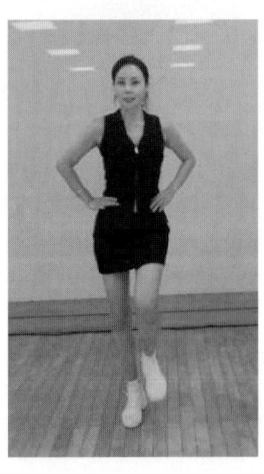  

3. 전신 근력 및 유연성 강화 동작

근력과 유연성은 신체 활동 능력을 유지하고, 관절의 건강을 지키는 데 필수적입니다.

1) 스쿼트/런지 댄스 스텝
- 스쿼트나 런지 자세를 취하면서 리듬에 맞춰 가볍게 바운스하거나, 한 발씩 앞으로 내딛는 런지 스텝을 반복합니다.
- 팁 : 허벅지와 엉덩이 근육을 사용하는 데 집중하며, 무릎이 발끝보다 앞으로 나가지 않도록 주의합니다. 팔은 리듬에 맞춰 움직여 전신 운동 효과를 높입니다.

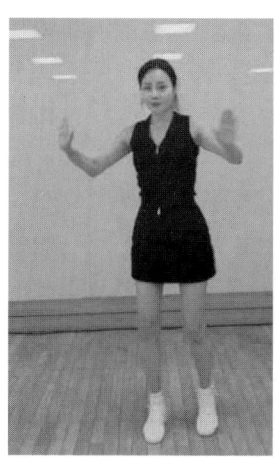 

2) 전신 웨이브
- 무릎부터 골반, 복부, 가슴, 어깨, 목 순으로 몸을 아래에서 위로 파도처럼 연결하여 움직입니다. 반대 방향으로도 시도합니다.
- 팁 : 척추의 유연성을 높이고 전신 근육을 부드럽게 이완하는 데 탁월합니다.

3) 팔 크게 휘두르기
- 팔을 크게 원을 그리며 휘두르거나, 위아래, 앞뒤로 힘껏 뻗어줍니다.
- 팁 : 어깨와 등 근육을 사용하며, 관절의 가동 범위를 최대한 활용하는 데 집중합니다.

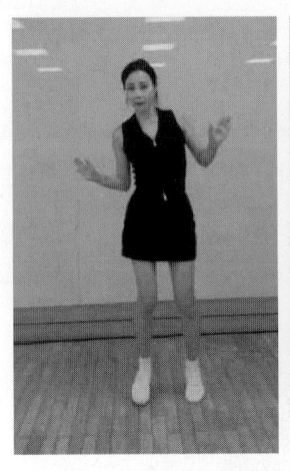  

4. 심혈관 건강 및 에너지 증진 동작

꾸준한 유산소 활동은 심혈관 건강을 개선하고, 전반적인 신체 활력을 높여 노화 지연에 기여합니다.

1) 점핑 잭(Jumping Jacks) 또는 제자리 조깅(Jogging in Place)
- 팔다리를 동시에 벌렸다가 모으는 점프 동작이나, 무릎을 높이 들어 올리며 제자리에서 가볍게 뜁니다.
- 팁 : 음악의 빠른 비트에 맞춰 꾸준히 움직여 심박수를 높게 유지합니다. 너무 힘들다면 잠시 걷기로 전환해도 좋습니다.

2) 자유로운 바운스 & 스텝
- 음악에 맞춰 가볍게 몸을 튕기듯이 바운스하거나, 발을 교차하며 다양한 스텝을 밟습니다.
- 팁 : 억지로 잘 하려고 하기보다 즐거움을 느끼며 몸이 이끄는 대로 움직이는

것이 중요합니다.

댄스 팁

- 꾸준함이 핵심 : 매일 15-30분 정도 꾸준히 춤을 추는 것이 가장 중요합니다. 짧게라도 매일 하는 것이 좋습니다.
- 즐거움을 최우선 : 억지로 하는 운동이 아닌, 즐거움을 느끼고 스트레스를 해소하는 활동으로 춤을 활용하세요.
- 몸의 소리에 귀 기울이기 : 통증이 느껴진다면 즉시 중단하고 휴식을 취하세요. 당신의 몸이 편안함을 느끼는 범위 내에서 움직이는 것이 중요합니다.
- 영양 및 수분 섭취 : 균형 잡힌 식단과 충분한 수분 섭취는 어떤 운동이든 효과를 극대화하는 데 필수적입니다.

춤은 단순히 몸을 움직이는 것을 넘어, 삶의 활력을 되찾고 정신적인 젊음까지 유지하게 돕는 강력한 노화 방지제입니다. 지금 바로 당신이 좋아하는 음악을 틀고, 몸을 움직여보세요!

14 | 공동체 의식 함양 해피댄스

　공동체 의식은 서로에 대한 이해와 배려, 협력의 중요성을 깨닫는 과정에서 함양됩니다. 춤은 개인적인 표현을 넘어, 함께 호흡하고, 서로의 움직임을 맞추며, 비언어적인 소통을 통해 유대감을 형성하는 데 매우 효과적인 도구입니다. 특히 리더와 팔로워가 바뀌거나, 서로의 존재를 인식하며 움직이는 동작들은 공동체 의식을 높이는 데 큰 도움을 줍니다.

　공동체 의식 함양 춤은 서로의 존재를 인지하고, 함께 호흡하며, 비언어적인 소통과 협력을 통해 유대감을 형성하는 데 중점을 둡니다. 따라서 모두가 쉽게 리듬을 탈 수 있고, 긍정적이며 활기찬 에너지를 주면서도, 때로는 차분하게 서로에게 집중할 수 있는 다양한 분위기의 음악이 좋습니다.

- "Waka Waka(This Time for Africa)" - Shakira ft. Freshlyground 활기찬 아프리카 리듬과 긍정적인 메시지가 모두를 하나로 모으는 데 좋습니다.
- "Can't Stop The Feeling!" - Justin Timberlake 밝고 경쾌한 멜로디와 긍정적인 에너지가 모두를 즐겁게 합니다.
- "Uptown Funk" - Mark Ronson ft. Bruno Mars 펑키한 그루브와 신나는 리듬이 함께 몸을 들썩이게 합니다.
- Tycho - "Awake" 부드러운 일렉트로닉 사운드와 안정적인 비트가 편안하면서도 집중적인 움직임을 돕습니다.
- Explosions In The Sky - "Your Hand In Mine" 웅장하면서도 서정적인 멜로디가 감성적인 연결감을 형성하는 데 좋습니다.
- "Riptide" - Vance Joy 경쾌하면서도 편안한 어쿠스틱 사운드가 함께 어울리는 분위기를 만듭니다.

1. 함께 호흡하고 공간을 공유하는 동작

서로의 존재를 인지하고, 같은 공간에서 함께 호흡하며 움직이는 것만으로도 공동체 의식은 시작됩니다.

1) 원형으로 서서 몸 흔들기(Circle Sway)

- 동작 모두 손을 잡거나 잡지 않고 원형으로 섭니다. 음악에 맞춰 몸 전체를 좌우로 아주 부드럽고 천천히 흔들어줍니다. 각자의 움직임을 느끼면서도, 원 전체가 마치 하나의 생물처럼 움직이는 것을 상상합니다.
- 핵심 : 서로의 존재를 의식하고, 같은 리듬과 공간 속에서 함께 움직이는 편안함을 느낍니다. 처음에는 눈을 감고 소리에만 집중해도 좋습니다.

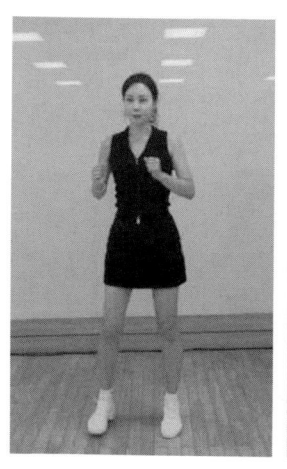 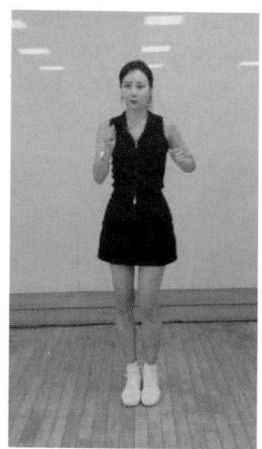

2) 점진적 연결 웨이브(Progressive Wave)

- 동작 원형으로 선 상태에서 한 사람이 먼저 손을 들어 웨이브를 시작하면, 옆 사람이 그 웨이브를 이어받아 순서대로 전파합니다. 파도가 밀려오듯 웨이브가 한 바퀴 돌도록 합니다.
- 핵심 : 서로의 움직임을 '보고 반응'하는 과정을 통해 비언어적인 소통과

연결감을 경험합니다.

2. 소통하고 협력하는 동작

서로의 움직임을 이끌거나 따라가면서, 비언어적인 방식으로 소통하고 협력하는 방법을 배웁니다.

1) 리더-팔로워 미러링

- 두 명씩 짝을 짓거나, 한 사람이 리더가 되고 나머지는 팔로워가 됩니다. 리더가 간단한 동작(팔 올리기, 옆으로 스텝 밟기 등)을 하면, 팔로워는 즉시 거울처럼 따라 합니다. 몇 분 후 리더와 팔로워 역할을 바꿉니다.
- 핵심 : 상대방의 움직임에 집중하고, 즉각적으로 반응하며, 서로의 역할을 존중하는 방법을 배웁니다. 상대방의 의도를 파악하려는 노력이 중요합니다.

2) 그룹 즉흥 춤
- 한 사람이 중앙으로 나와 간단한 동작이나 감정(기쁨, 평화 등)을 춤으로 표현합니다. 다른 사람들은 그 동작이나 감정을 자신만의 방식으로 해석하여 따라 하거나, 새로운 동작으로 이어갑니다. 일정 시간 후 다음 사람이 중앙으로 나옵니다.
- 핵심 : 개인의 표현을 존중하면서도, 공동의 주제 안에서 서로 연결되는 경험을 합니다. 정답이 없음을 이해하고 자유롭게 참여합니다.

3) 라인 댄스(Line Dance) 또는 포메이션 댄스(Formation Dance)
- 여러 명이 일렬이나 정해진 대형으로 서서 같은 안무를 동시에 추는 라인 댄스를 배웁니다.(예 컨트리 라인 댄스, K-Pop 안무의 쉬운 부분)
- 핵심 : 개인이 전체의 일부가 되어 조화를 이루는 과정을 경험합니다. 옆 사람과의 간격, 타이밍 등을 맞추면서 공동의 목표를 달성하는 협력의 즐거움을 느낍니다.

3. 신뢰와 지지를 주고받는 동작

서로에게 의지하고 지지하는 신체적인 경험은 공동체 구성원 간의 신뢰를 쌓는 데 큰 도움을 줍니다.

1) 서로 지지하며 균형 잡기

- 두 명씩 짝을 지어 서로 마주 보고 손을 잡거나, 어깨를 지지하며 한 발로 서서 균형을 잡아봅니다. 또는 한 사람이 다른 사람의 등을 가볍게 밀어주며 앞으로 나아가게 하고, 상대방은 그 추진력을 이용해 움직입니다.
- 핵심 : 상대방을 신뢰하고, 나의 움직임이 상대방에게 영향을 미친다는 것을 인지하며 서로를 지지하는 방법을 배웁니다.

2) 그룹 릴레이 댄스

- 모두 원형으로 앉거나 서서, 한 사람이 먼저 간단한 동작을 시작하면 옆 사람이 그 동작을 이어받아 다음 동작을 추가하여 연결합니다. 다음

사람은 앞 사람의 동작까지 포함하여 이어가는 릴레이 형식으로 춤을 완성합니다.
- 핵심 : 개인의 기여가 전체를 만들어가고, 서로의 아이디어를 존중하며 받아들이는 협력 과정을 경험합니다.

3) 함께 마무리 및 감사 표현
- 춤의 마지막에 모두 함께 손을 잡고 눈을 감거나, 어깨동무를 하고 서로에게 기대어 서서 함께 깊은 숨을 쉽니다. 활동에 참여해 준 서로에게 감사하는 마음을 표현하는 작은 동작(예 고개 끄덕이기, 미소 짓기, 박수)으로 마무리합니다.
- 핵심 : 공동의 경험을 통해 얻은 긍정적인 감정을 공유하고, 서로에게 감사와 지지를 표현하며 유대감을 공고히 합니다.

댄스 팁
- 안전하고 포용적인 분위기 : 조성 춤에 익숙하지 않거나 몸이 불편한 사람들도 부담 없이 참여할 수 있도록 격려하고, 틀려도 괜찮다는 분위기를 조성하는 것이 중요합니다.
- 음악 선택 : 모두가 쉽게 리듬을 탈 수 있고 긍정적인 에너지를 주는 음악(예 밝은 팝, 월드 뮤직, 라틴 음악, 클래식 중에서도 활기찬 곡)이 좋습니다.
- 리더의 역할 : 처음에는 춤 강사나 진행자가 리드하지만, 점차 참가자들 중 자발적으로 리더 역할을 할 수 있도록 유도하여 주인의식을 높입니다.
- 피드백과 공유 : 춤 활동 후 짧게라도 서로의 소감이나 느낀 점을 이야기하는 시간을 가지면 공동체 의식 함양에 더욱 효과적입니다.

제7장
일상 속 해피댄스 활용법

01 | 아침을 여는 해피댄스

아침에 춤을 추면 엔도르핀, 세로토닌, 도파민과 같은 행복감을 느끼게 하는 호르몬 분비가 촉진됩니다. 이 호르몬들은 스트레스와 불안, 우울감을 줄여주고 긍정적인 감정을 느끼게 해줍니다. 그리고 아침부터 몸을 움직이고 신나는 음악에 맞춰 춤을 추면 하루를 긍정적이고 활기찬 에너지로 시작할 수 있습니다. 이는 하루의 전반적인 생산성과 기분에도 좋은 영향을 미칩니다.

아침 해피댄스에 좋은 음악은 개인의 취향에 따라 다르겠지만, 일반적으로 활기차고 긍정적인 분위기의 곡들이 좋습니다.

- Maroon 5 - "Sugar" : 신나는 펑크 리듬과 달콤한 멜로디가 아침을 깨우기에 좋습니다.
- Avicii - "Wake Me Up" : 아침을 깨우는 듯한 가사와 희망찬 멜로디가 인상적입니다.
- Earth, Wind & Fire - "September" : 시대를 초월하는 디스코 명곡으로 듣기만 해도 행복해집니다.
- BTS - "Dynamite" : 밝고 신나는 디스코 팝으로 전 세계적으로 사랑받는 곡입니다.

1. 활력 깨우기(1분)

- 크게 기지개 켜기 : 두 팔을 하늘 위로 쭉 뻗고 발끝으로 서서 몸 전체를 늘려주세요. 좌우로도 길게 늘려줍니다.(15초)
- 어깨 돌리기 : 어깨를 앞뒤로 크게 돌려 긴장을 풀어줍니다. 으쓱하고 내리는 동작도 함께 해주세요.(15초)

- 목 스트레칭 : 고개를 천천히 좌우, 앞뒤로 움직여 목 주변의 뻐근함을 풀어줍니다.(15초)
- 가볍게 제자리 걷기 : 무릎을 살짝 들어 올리며 제자리에서 가볍게 걸어줍니다. 팔도 함께 흔들어주세요.(15초)

2. 신나는 스텝(2분)

- 사이드 스텝 & 팔 흔들기 : 오른쪽으로 두 걸음, 왼쪽으로 두 걸음 이동하며 팔을 좌우로 크게 흔들어줍니다. 마치 신나는 음악에 맞춰 춤추듯이 경쾌하게 움직여보세요.(30초)
- 발차기 & 펀치 : 한쪽 다리를 앞으로 가볍게 차 올리면서 반대쪽 팔로 가볍게 펀치를 날려줍니다. 번갈아 가며 해주세요.(30초)
- 점핑잭 변형 : 점핑잭처럼 팔다리를 벌렸다 오므리는데, 점프 대신 발을 옆으로 내딛는 방식으로 바꿔서 해줍니다.(30초)
- 앞뒤 스텝 & 손뼉 치기 : 한 발을 앞으로 내딛었다가 다시 돌아오고, 다른 발도 동일하게 반복합니다. 발을 내딛을 때마다 가슴 앞에서 손뼉을 쳐주세요.(30초)

3. 마무리 & 에너지 충전(2분)

- 엉덩이 흔들기 & 팔 웨이브 : 골반을 좌우로 자유롭게 흔들면서 팔은 위아래로 부드럽게 웨이브를 만들어줍니다. 온몸으로 리듬을 타보세요!(30초)
- 무릎 터치 & 손뼉 : 한쪽 무릎을 높이 들어 올리면서 반대쪽 손으로 무릎을 가볍게 터치합니다. 다시 내려놓고 다른 쪽도 반복합니다. 이때, 무릎을 터치할 때마다 흥겹게 손뼉을 쳐주세요.(30초)
- 자유롭게 춤추기 : 이제 음악에 맞춰 몸이 가는 대로 자유롭게 춤춰보세요!

어떠한 동작이든 좋아요. 기분 좋게 몸을 움직이는 것 자체에 집중해 보세요.(30초)

- 심호흡 & 마무리 : 천천히 팔을 위로 올리면서 숨을 깊게 들이쉬고, 팔을 내리면서 천천히 내쉽니다. 긍정적인 에너지를 가득 채운다고 생각하며 몇 번 반복해주세요.(30초)

이 루틴은 예시이며, 어떤 동작이든 몸을 움직여 아침 에너지를 깨우는 데 도움이 된다면 충분해요. 신나는 음악과 함께 춤추면 더욱 즐거울 거예요! 오늘 하루도 춤추듯이 신나게 보내시길 바랍니다!

02 | 점심 식사 후 활력을 돋는 해피댄스

점심시간은 오전의 피로를 해소하고 오후를 준비하는 중요한 시간인데요, 이때 해피댄스를 추는 것은 단순히 즐거움을 넘어 다양한 긍정적인 효과를 가져다줍니다. 오전 내내 앉아 있거나 같은 자세로 일하면 몸이 굳고 피로가 쌓이기 쉽습니다. 점심시간에 짧게라도 춤을 추면 혈액 순환이 촉진되어 뇌와 근육에 신선한 산소가 공급됩니다. 이는 피로를 해소하고 오후 업무를 위한 에너지를 재충전하는 데 매우 효과적입니다. 나른하고 졸음이 쏟아지는 식곤증 예방에도 도움이 됩니다.

춤은 몸을 움직이는 활동으로, 스트레스 호르몬인 코르티솔 수치를 낮추고 행복 호르몬인 엔도르핀 분비를 촉진합니다. 신나는 음악에 맞춰 몸을 흔들면 오전 동안 쌓였던 업무 스트레스나 긴장이 해소되고, 긍정적인 기운을 얻어 기분을 전환할 수 있습니다. 짧은 시간의 댄스로도 쌓인 감정을 해소하고 정신적인 활력을 되찾을 수 있습니다. 그리고 신체 활동은 뇌 기능을 활성화하는 데 큰 도움을 줍니다. 춤을 추면서 몸을 움직이면 뇌로 가는 혈류량이 증가하고, 이는 집중력과 인지 기능을 향상시키는 데 기여합니다. 맑은 정신으로 오후 업무에 임할 수 있게 되어 전반적인 생산성도 높아지는 효과를 기대할 수 있습니다.

점심시간 활력 해피댄스에 좋은 음악은 아침 해피댄스와 마찬가지로 밝고 경쾌하며 신나는 분위기의 곡들이 좋습니다. 짧은 시간 안에 기분 전환과 에너지 충전을 할 수 있도록 템포가 빠르고 긍정적인 느낌을 주는 곡들을 추천합니다.

- Mark Ronson - "Uptown Funk(feat. Bruno Mars)" : 레트로 펑크 스

타일의 신나는 비트와 브루노 마스의 매력적인 보컬이 어우러져 저절로 몸이 들썩이는 곡입니다.

- Calvin Harris - "Summer" : 시원하고 청량한 느낌의 일렉트로닉 댄스 곡으로, 답답한 실내를 벗어나는 듯한 기분을 줍니다.
- ITZY - "DALLA DALLA" : 파워풀하고 자신감 넘치는 분위기의 곡으로, 활력을 불어넣기에 좋습니다.
- James Brown - "I Feel Good" : 제목 그대로 기분 좋은 에너지를 주는 클래식 펑크 곡입니다.

1. 몸 깨우기 & 스트레칭(1분)

- 크게 기지개 켜기 : 앉아 있거나 서서 두 팔을 머리 위로 쭉 뻗고 몸통을 길게 늘려줍니다. 좌우로도 스트레칭하여 옆구리도 늘려주세요.(20초)
- 어깨 으쓱 & 돌리기 : 어깨를 귀에 닿을 듯이 높이 올렸다가 툭 떨어드리고, 앞뒤로 크게 돌려 어깨와 목의 긴장을 풀어줍니다.(20초)
- 가슴 활짝 열기 : 양손을 등 뒤에서 깍지 끼고 쭉 뻗어 가슴을 활짝 엽니다. 숨을 깊게 들이쉬며 가슴을 확장하고 내쉬며 풀어줍니다.(20초)

2. 가볍게 몸 흔들기(2분)

- 제자리 스텝 & 팔 흔들기 : 가볍게 제자리에서 걷거나 뛰는 스텝을 밟으면서 팔을 앞뒤로 흔들어줍니다. 마치 신나는 음악에 맞춰 걷는 듯한 느낌으로 움직여보세요.(30초)
- 사이드 스텝 & 손뼉 : 한 발을 옆으로 내딛고 다른 발을 가져와 모으는 동작을 반복합니다. 이때 양손은 가슴 앞에서 박수치듯 모았다 벌렸다 반복합니다.(30초)

- 엉덩이 씰룩 & 무릎 터치 : 골반을 좌우로 자유롭게 흔들면서 한쪽 무릎을 살짝 들어 올려 반대편 팔꿈치나 손으로 가볍게 터치합니다. 번갈아 가며 반복합니다.(30초)
- 상체 트위스트 : 발을 어깨너비로 벌리고 서서 상체를 좌우로 비틀어줍니다. 팔은 자연스럽게 몸통을 따라 흔들어줍니다.(30초)

3. 에너지 UP & 마무리(2분)

- 파워 워킹(제자리) : 무릎을 평소보다 높이 들어 올리고 팔을 힘차게 흔들며 제자리에서 빠르게 걷습니다. 마치 행진하듯이 활기차게 움직여 보세요.(30초)
- 점핑잭 변형(로우 임팩트) : 점프 대신 한쪽 발을 옆으로 내딛고 동시에 팔을 머리 위로 올렸다가 다시 모으는 동작을 반복합니다. 관절에 부담을 주지 않으면서 전신을 움직일 수 있습니다.(30초)
- 자유롭게 춤추기 : 이제 가장 좋아하는 신나는 음악을 틀고, 몸이 이끄는 대로 자유롭게 춤춰보세요! 어떠한 동작이든 좋아요. 마음껏 몸을 움직이며 스트레스를 날려버립니다.(40초)
- 심호흡 & 마무리 : 천천히 팔을 위로 올리면서 깊게 숨을 들이쉬고, 팔을 내리면서 길게 내쉽니다. 세 번 반복하여 몸과 마음을 진정시키고 에너지를 충전합니다.(20초)

03 | 퇴근 후 피로 해소 해피댄스

퇴근 후에는 하루 동안 쌓인 몸의 피로와 정신적인 스트레스를 풀어주는 것이 중요해요. 격렬한 동작보다는 몸의 긴장을 이완하고 마음을 편안하게 해주는 데 초점을 맞춘 해피댄스 동작들을 추천합니다. 부드럽게 몸을 움직이며 스트레스를 날리면 하루가 행복해집니다. 퇴근 후 피로 해소 해피댄스에 좋은 음악은 격렬하고 빠른 비트보다는 몸과 마음을 편안하게 이완시켜주고, 잔잔하면서도 리드미컬한 분위기를 가진 곡들이 좋습니다.

- Yiruma - "River Flows in You" : 잔잔한 피아노 선율이 마음을 편안하게 해줍니다.
- Jinsang - "Affection" : 부드러운 비트와 감성적인 멜로디가 어우러진 곡입니다.
- Chet Baker - "My Funny Valentine" : 감미로운 트럼펫 연주와 보컬이 마음을 차분하게 가라앉힙니다.

1. 몸과 마음 이완하기(1분 30초)

- 깊은 심호흡 & 팔 스트레칭 : 편안하게 서거나 앉은 자세에서 두 팔을 천천히 머리 위로 올리며 숨을 깊게 들이마셔요. 팔을 내리면서 길게 내쉬는 것을 3~4회 반복합니다. 이때 어깨와 목의 긴장을 함께 풀어줍니다.(30초)
- 어깨와 목 돌리기 : 어깨를 앞뒤로 크게 돌려 긴장을 풀고, 고개를 천천히 좌우로 기울이거나 앞뒤로 움직여 목 주변의 뻐근함을 해소합니다.(30초)
- 전신 털어내기 : 팔다리를 가볍게 흔들며 온몸을 털어냅니다. 마치 몸에 붙은 먼지를 털어내듯이 가볍게, 하지만 충분히 흔들어줍니다. 몸의 뭉친 곳들을 풀어준다는 느낌으로 해주세요.(30초)

2. 몸의 유연성 되찾기(2분)

- 부드러운 상체 웨이브 : 무릎을 살짝 굽히고 골반을 중심으로 상체를 좌우로 부드럽게 흔들어줍니다. 마치 물이 흐르듯이 자연스럽게 몸의 흐름을 느껴보세요. 팔도 함께 물결치듯이 움직여줍니다.(30초)
- 골반 돌리기 : 두 손을 허리에 얹고 골반을 크게 원을 그리며 천천히 돌려줍니다. 앞뒤, 좌우로도 움직여 허리 주변의 뻐근함을 풀어줍니다.(30초)
- 발목 & 손목 돌리기 : 앉거나 서서 발목과 손목을 좌우로 천천히 돌려줍니다. 하루 종일 굳어 있던 관절들을 부드럽게 풀어줍니다.(30초)
- 가볍게 무릎 들어 올리기 : 제자리에서 무릎을 가볍게 들어 올리며 천천히 걸어줍니다. 팔은 자연스럽게 앞뒤로 흔들어줍니다. 부담 없이 몸을 움직여 순환을 돕습니다.(30초)

3. 스트레스 날리기 & 마무리(1분 30초)

- 자유롭게 몸 흔들기 : 좋아하는 편안하고 잔잔한 음악을 틀고, 몸이 가는 대로 자유롭게 움직여보세요. 동작에 얽매이지 않고, 몸이 시원함을 느끼는 방향으로 자연스럽게 춤을 추는 것이 중요합니다. 하루의 스트레스를 몸 밖으로 흘려보낸다는 생각으로 편안하게 움직입니다.(1분)
- 마무리 심호흡 & 스트레칭 : 다시 한번 두 팔을 위로 올리며 깊게 숨을 들이마시고, 내쉬면서 팔을 천천히 내립니다. 마지막으로 몸의 가장 뻐근한 부분을 가볍게 스트레칭하며 춤을 마무리합니다.(30초)

04 | 주말 가족/친구들과 함께하는 해피댄스

주말에는 가족이나 친구들과 함께 신나게 몸을 움직이며 유대감을 강화하고 스트레스를 해소하는 해피댄스를 추천합니다. 서로 마주 보거나 원을 그리며 함께 추면 더욱 상대방과 친숙해집니다.

주말에 가족/친구들과 함께하는 해피댄스에 좋은 음악은 모두가 즐길 수 있는 밝고 신나는 분위기의 곡들이 최고입니다. 연령대에 상관없이 함께 몸을 흔들고 웃을 수 있는 대중적인 곡이 좋습니다.

- Pharrell Williams - "Happy" : 제목부터 행복이 넘치는 곡! 남녀노소 누구나 따라 부르고 춤추기 좋은 대표적인 해피송입니다.
- Red Velvet - "빨간 맛(Red Flavor)" : 여름 느낌의 시원하고 통통 튀는 매력이 있어 활기찬 분위기를 만듭니다.
- Earth, Wind & Fire - "September" : 신나는 브라스 사운드와 경쾌한 리듬이 특징인 디스코 명곡입니다.

1. 몸 풀기 & 신나게 준비(2분)

- 손잡고 원 돌기 : 다 같이 손을 잡고 원을 만든 다음, 한 방향으로 천천히 돌다가 점점 빠르게 돌아요. 반대 방향으로도 똑같이 반복합니다. 서로의 온기를 느끼고 에너지를 모으는 시간이에요.(30초)
- 어깨동무 & 좌우 흔들기 : 어깨동무를 하고 다 같이 좌우로 몸을 흔들어요. 파도타기처럼 한 명씩 이어서 흔들어도 재미있어요.(30초)
- 점프 & 손뼉치기 : 가볍게 제자리 점프를 하면서 손뼉을 머리 위에서 한 번, 무릎 앞에서 한 번 쳐줍니다. 박자에 맞춰 신나게 뛰어봐요.(30초)

- 팔 크게 돌리기 : 두 팔을 하늘 위로 크게 휘저어 돌립니다. 앞으로도 뒤로도 크게 원을 그리며 돌려 몸의 긴장을 풀어줍니다.(30초)

2. 함께 즐기는 유쾌한 스텝(3분)

- 사이드 스텝 & 하이파이브 : 한 발을 옆으로 내딛고 다른 발을 가져와 붙이는 사이드 스텝을 밟으면서, 마주 보거나 옆에 있는 사람과 손뼉을 마주칩니다. 옆으로 이동하며 자연스럽게 하이파이브를 주고받아요.(1분)
- 따라 하기 댄스(미러 댄스) : 한 명이 동작을 하면 다른 사람들이 그대로 따라 하는 거예요. 간단한 동작(팔 올리기, 다리 들기, 머리 흔들기 등)부터 시작해서 점점 재미있는 동작을 만들어보세요. 틀려도 괜찮아요, 웃고 즐기는 게 중요해요!(1분)
- 발 구르기 & 박수 치기 : 발을 번갈아 가며 쿵쿵 구르고, 박자에 맞춰 손뼉을 칩니다. 다 같이 통일된 리듬으로 맞춰도 좋고, 각자 자유롭게 리듬을 타도 좋아요. 마치 북을 치듯이 신나게!(1분)

3. 유대감 UP & 마무리(2분)

- 어울려 춤추기 : 각자 좋아하는 음악에 맞춰 자유롭게 몸을 흔들어요. 특별한 규칙 없이 서로의 춤을 보며 웃고, 함께 즐기는 시간이에요. 이때 서로 팔짱을 끼고 빙글빙글 돌거나, 어깨를 주무르며 함께 춤추는 등 스킨십을 섞어도 좋습니다.(1분 30초)
- 포옹 & 마무리 스트레칭 : 다 같이 모여 서로를 안아주며 하루 동안 쌓인 스트레스를 날려 보냅니다. 마지막으로 두 팔을 하늘 위로 쭉 뻗고 몸을 길게 늘려주는 스트레칭으로 마무리합니다.(30초)

제8장
해피댄스를 통한 삶의 변화

01 | **몸과 마음의 긍정적인 변화 기록하기**

해피댄스는 단순히 즐거움을 넘어 우리 삶에 깊고 긍정적인 변화를 가져다줄 수 있습니다. 이러한 변화를 인식하고 기록하는 것은 스스로의 성장을 확인하고, 춤을 지속하는 강력한 동기가 됩니다. 몸과 마음의 변화를 효과적으로 기록하는 방법에 대해 자세히 알려드릴게요.

1. 변화 기록의 중요성

- 성장 확인 : 춤을 통해 얻은 긍정적인 변화를 눈으로 확인하며 성취감을 느끼고 자신감을 높일 수 있습니다.
- 동기 부여 : 변화를 기록하면 춤을 꾸준히 이어갈 동기를 부여하고, 어려운 순간에도 포기하지 않도록 지지해 줍니다.
- 자기 이해 : 자신의 몸과 마음이 어떻게 반응하고 변화하는지 이해하는 데 도움이 됩니다.
- 문제 해결 : 특정 시점에서 겪는 어려움이나 정체기를 기록하면 이를 극복할 방법을 찾는 데 단서가 될 수 있습니다.

2. 변화 기록을 위한 준비물

- 노트/일기장 : 손으로 직접 기록하는 아날로그 방식은 몰입도를 높이고 감성적인 기록에 좋습니다.
- 스마트폰 앱 : 에버노트, 원노트, 구글 Keep 등 메모 앱을 활용하면 언제 어디서든 편리하게 기록할 수 있습니다.

- 간단한 도구 : 펜, 형광펜, 스티커 등 기록을 더욱 풍성하게 만들 도구들을 준비하면 좋습니다.

3. 기록해야 할 몸의 긍정적인 변화(신체적 측면)

몸의 변화는 비교적 객관적으로 기록하기 쉽습니다. 주기적인 측정과 관찰을 통해 변화를 기록해 보세요.

1) 에너지 수준
- 아침 기상 후 : 이전보다 몸이 더 가볍고 개운한가? 침대에서 일어나는 것이 더 수월해졌는가?(예 : "아침에 알람 없이 눈이 떠지고 바로 움직일 수 있게 됨")
- 점심시간 후 : 식곤증이 줄고 오후에도 활력이 유지되는가?(예 : "오후 2시에도 졸지 않고 집중력이 유지됨")
- 퇴근 후 : 퇴근 후에도 지치지 않고 다른 활동을 할 에너지가 남아있는가?(예 : "퇴근 후 바로 침대에 눕지 않고 산책이나 독서를 즐기게 됨")

2) 신체 능력 및 유연성
- 춤 동작 : 이전에 어려웠던 동작이 쉬워지거나, 더 유연하고 힘 있게 할 수 있게 되었는가?(예 : "옆구리 스트레칭 시 이전에 닿지 않던 곳까지 손이 닿음", "제자리 점프가 더 가볍고 높게 됨")
- 일상 활동 : 계단 오르기, 무거운 물건 들기 등 일상생활에서의 신체 활동이 더 수월해졌는가?(예 : "버스를 타기 위해 뛰는 것이 힘들지 않음", "아이를 안고 계단을 오르내리는 게 훨씬 편해짐")
- 유연성 : 특정 부위(목, 어깨, 허리 등)의 뻣뻣함이 줄어들고 움직임이

더 부드러워졌는가?

3) 자세 및 통증
- 자세 : 앉거나 서 있을 때 자세가 더 바르게 느껴지는가? 구부정함이 줄었는가?(예 : "어깨가 펴지고 허리가 펴지는 느낌")
- 통증 : 만성적인 목, 어깨, 허리 통증이 완화되었는가?(예 : "오후만 되면 쑤시던 어깨 통증이 눈에 띄게 줄었음")

4) 수면의 질
- 입면 시간 : 잠드는 데 걸리는 시간이 줄었는가?
- 수면 깊이 : 깊은 잠을 자고 중간에 깨는 횟수가 줄었는가?(예 : "밤에 깨지 않고 아침까지 푹 자게 됨")

4. 기록해야 할 마음의 긍정적인 변화(정신적/감정적 측면)

마음의 변화는 주관적이지만, 구체적인 상황과 감정을 중심으로 기록하면 좋습니다.

1) 기분 및 감정 변화
- 긍정적인 감정 : 하루를 시작할 때, 특정 활동 전후에 더 활기차고 행복한 느낌이 드는가?(예 : "아침에 눈뜨자마자 '오늘 뭐 하지?' 기대감이 생김", "짜증이 나던 순간에도 평정심을 유지하게 됨")
- 부정적인 감정 : 스트레스, 불안감, 우울감이 줄어들었는가?(예 : "스트레스 받을 때 춤으로 해소하니 마음이 한결 가벼워짐", "이전에는 우울했던 날이 많았는데 요즘은 전반적으로 밝아짐")

2) 스트레스 관리
- 해소 방식 : 스트레스를 받을 때 춤을 통해 건강하게 해소하는 능력이 생겼는가?(예 : "업무 스트레스가 쌓이면 댄스 음악을 틀고 잠시 몸을 흔들면서 해소함")
- 회복 탄력성 : 좌절하거나 힘든 일이 있을 때 더 빨리 극복하고 회복하는가?(예 : "작은 실수에도 좌절하지 않고 '괜찮아, 다시 하면 돼!'라고 생각하게 됨")

3) 자신감 및 자존감
- 자기 인식 : 자신의 몸과 움직임에 대한 만족도가 높아졌는가?(예 : "거울 속 내 모습이 이전보다 당당해 보임")
- 사회적 상호작용(함께 할 경우) : 다른 사람들과 함께 춤추면서 편안함과 즐거움을 느끼는가? 새로운 사람들과 어울리는 데 더 자신감이 생겼는가?(예 : "모임에서 더 적극적으로 대화에 참여하게 됨")

4) 집중력 및 인지 기능 :
- 업무/학습 : 작업이나 공부에 대한 집중력이 향상되었는가?(예 : "산만했던 마음이 차분해지고 한 가지 일에 몰두하는 시간이 늘어남")
- 기억력 : 사소한 것들을 더 잘 기억하게 되었는가?

5. 효과적인 기록 방법
- 정기적인 기록 : 매일 짧게라도 기록하거나, 최소한 일주일에 한 번 특정 요일을 정해 기록하는 습관을 들이세요.
- 구체적으로 작성 : "기분이 좋았다"보다는 "춤을 추고 나니 마치 온몸의

무거운 짐이 사라진 듯 가벼워졌다"처럼 구체적인 감각과 상황을 묘사하세요.

- 별점/척도 활용 : 특정 항목(예 : 에너지 수준, 스트레스 정도)에 1점에서 5점까지 점수를 매겨 시각적으로 변화를 확인하는 것도 좋습니다.
- 사진/영상 활용 : 춤추는 자신의 모습을 짧은 영상으로 기록하거나, 자세 변화를 사진으로 찍어두면 객관적인 변화를 확인하는 데 큰 도움이 됩니다.
- 감사 일기 연계 : 춤을 통해 느낀 긍정적인 감정이나 변화에 대해 감사하는 마음을 함께 기록하면 더욱 좋습니다.

해피댄스는 삶에 긍정적인 활력을 불어넣는 강력한 도구입니다. 이처럼 체계적인 기록을 통해 그 변화를 직접 느끼고 확인하며, 더욱 행복하고 건강한 삶을 만들어 나가시길 바랍니다!

02 | 댄스 커뮤니티 참여하기

댄스 커뮤니티에 참여하는 것은 단순히 춤을 배우는 것을 넘어, 다양한 사람들과 소통하고, 스트레스를 해소하며, 삶의 활력을 얻는 좋은 방법입니다. 춤은 자기표현의 한 형태로, 몸치라고 생각하는 사람도 마음만 열고 참여한다면 누구나 즐길 수 있습니다. 댄스 커뮤니티 참여의 장점은 다음과 같습니다.

- 사회적 교류 및 관계 형성 : 춤이라는 공통의 관심사를 가진 사람들과 만나 친목을 다지고 새로운 친구를 사귈 수 있습니다. 이는 외로움을 해소하고 사회적 만족감을 높이는 데 기여합니다.
- 스트레스 해소 및 정서적 안정 : 춤은 강력한 스트레스 해소 도구입니다. 몸을 움직이며 에너지를 발산하고, 음악에 맞춰 리듬을 타는 동안 쌓였던 긴장과 불안감을 해소할 수 있습니다. 특히, '커뮤니티 댄스'는 치료의 요소를 포함하여 정신적, 신체적 건강 증진에 도움을 주기도 합니다.
- 자신감 및 자아 표현 : 춤을 통해 자신의 감정을 표현하고, 새로운 동작을 배우며 성취감을 느끼는 과정에서 자신감과 자존감이 향상됩니다.
- 배움과 성장 : 댄스 커뮤니티에서는 다양한 장르의 춤을 배울 기회가 많습니다. 초보자를 위한 강습부터 심화 과정까지, 자신의 수준에 맞춰 꾸준히 성장할 수 있습니다.
- 다양한 경험 : 댄스 커뮤니티는 정기적인 모임 외에도 MT, 체육대회, 퍼포먼스 대회 등 다양한 친목 및 행사 활동을 함께 진행하는 경우가 많아 폭넓은 경험을 할 수 있습니다.

03 | 지속 가능한 해피댄스 습관 만들기

해피댄스는 짧은 시간만으로도 몸과 마음에 긍정적인 활력을 불어넣는 좋은 습관입니다. 하지만 꾸준히 이어나가는 것이 중요하죠. 지속 가능한 해피댄스 습관을 만들기 위한 구체적인 방법들을 알려드릴게요.

1. 현실적인 목표 설정하기

- 작게 시작하세요 : 처음부터 매일 30분씩 춤추겠다는 거창한 목표보다는 하루 5분, 주 3회 등 달성 가능한 작은 목표를 설정하는 것이 중요합니다. 작은 성공 경험이 쌓이면 동기 부여가 되고, 자연스럽게 시간을 늘려갈 수 있습니다.
- 구체적으로 정하세요 : "틈틈이 춤춰야지" 대신 "매일 아침 7시 10분에 5분간 거실에서 해피댄스 추기"처럼 시간, 장소, 지속 시간을 구체적으로 정하면 실천 가능성이 높아집니다.

2. 루틴에 통합하기

- 기존 습관과 연결하세요 : 해피댄스를 이미 하고 있는 습관과 연결하면 자연스럽게 일상에 녹여낼 수 있습니다. 예를 들어, "아침에 눈을 뜨면 바로 5분 해피댄스 추기" 또는 "점심 식사 후 잠시 자리에서 일어나 3분간 몸 흔들기"처럼 연결해 보세요.
- 특정 시간/장소 정하기 : 매일 같은 시간, 같은 장소에서 춤을 추는 것은 습관 형성에 큰 도움이 됩니다. 우리의 뇌는 반복적인 환경에서 특정

행동을 연결하는 경향이 있기 때문입니다.
- 알림 설정 활용 : 스마트폰 알림이나 달력 앱을 활용하여 댄스 시간을 상기시켜 주세요. 처음에는 알림에 의존하더라도 점차 내면화될 것입니다.

3. 즐거움을 극대화하기

- 좋아하는 음악 선택 : 지루함을 느끼지 않도록 다양한 장르의 신나는 음악 플레이리스트를 만들어 번갈아 가며 활용하세요. 춤출 때마다 설렘을 느끼게 해주는 음악이 최고입니다.
- 다양한 동작 시도 : 매번 같은 동작만 반복하면 금세 질릴 수 있습니다. 유튜브 튜토리얼을 참고하거나, 다양한 장르의 춤을 시도해 보세요.

4. 긍정적인 피드백과 보상

- 변화 기록하기 : 앞서 언급했듯이, 몸과 마음의 긍정적인 변화를 꾸준히 기록하세요. '해피댄스 일기'를 작성하거나, 앱을 활용하여 에너지 수준, 기분, 수면의 질 등을 주기적으로 체크하고 그 변화를 확인하는 것이 강력한 동기 부여가 됩니다.
- 스스로 칭찬하기 : 목표를 달성했을 때 자신에게 긍정적인 말을 건네세요. "잘했어!", "오늘도 꾸준히 해냈네!"와 같은 간단한 칭찬도 큰 힘이 됩니다.
- 작은 보상 주기 : 일주일 목표를 달성하거나 한 달 꾸준히 춤을 췄을 때 자신에게 작은 보상을 주세요. 좋아하는 커피를 마시거나, 보고 싶었던 영화를 보거나, 새로운 운동복을 사는 등 스스로를 격려하는 시간을 가지는 것이 좋습니다.

부록

01 | 해피댄스지도자 양성과정(2일 과정)

□ 교육 내용

○ 교육기간 20 년 월 일( )~ 월 일( )

  오전 1000~오후 1800(총 15시간)

○ 교육 장소

○ 모집 인원 20명

○ 수 강 료 30만원(강의 교재, 자격증 발급비 포함)

□ 배 경

○ 무용 시장은 성장하는 단계이므로 전망이 매우 밝은 분야임

○ 무용 시장의 확대로 해피댄스지도자를 필요로 하는 곳이 많아짐으로써 해피댄스지도자로 활동할 기회가 많음

□ 학습목표

○ 해피댄스지도자가 될 수 있다.

○ 무용 컨설턴트가 될 수 있다.

○ 해피댄스 프로그램을 개발할 수 있다.

○ 해피댄스 프로그램을 적용할 수 있다.

□ 모집 대상

○ 춤을 배우고 싶은 사람

○ 댄스 지도자가 되고 싶은 사람
○ 무용관련 종사자

□ 세부내용

구분	시간	강의 제목	강사
1일차	1000~1100	오리엔테이션 및 무용의 개념과 이해	
	1100~1200	해피댄스의 정의와 필요성	
	1300~1400	해피댄스지도자의 역할과 자질	
	1400~1500	해피댄스의 효과	
	1500~1600	해피댄스의 대상과 방법 1	
	1600~1800	해피댄스의 대상과 방법 2	
2일차	1000~1100	해피댄스와 다른 심리치료와의 비교	
	1100~1200	감정별 해피댄스 1	
	1300~1400	감정별 해피댄스 2	
	1400~1500	감정별 해피댄스 2	
	1500~1600	해피댄스 지도 방법	
	1600~1700	실습	
	1700~1800	질의 응답 및 수료식	

02 | 해피댄스지도자 양성과정(40시간 과정)

I. 사업 개요

☐ 사 업 명   형극심리상담사 양성 과정

☐ 교육 기간 20 년 월 일( )~ 월 일( )

 오전 0900~오후 1300(총 10회 40시간)

☐ 교육 장소

☐ 모집 인원 30명

☐ 수 강 료 무료

☐ 소요 예산 지자체의 예산에 따라 변경

☐ 위탁 기관

☐ 사업 범위
- 교육 프로그램 운영을 위한 전문 강사진 구성 및 섭외
- 과정 신청자 상담 접수 및 교육생 선발
- 과정 운영을 위한 전반적인 사항(교육장 준비, 강사 및 교육생 관리, 현수막 교재) 준비
- 회차별 교육 진행 후 강사 및 강의 평가를 통한 만족도 조사
- 학습 성과 제고를 위한 체계적인 학사관리
- 사업 종료 후 15일 이내 결과 보고서 및 사업 정산서 제출

2. 사업 목적

☐ 배 경

○ 무용 시장은 성장하는 단계이므로 전망이 매우 밝은 분야임

○ 무용 시장의 확대로 무용 심리상담사를 필요로 하는 곳이 많아짐으로써 무용 심리상담사로 활동할 기회가 많음

☐ 학습목표

○ 해피댄스지도자가 될 수 있다.

○ 무용 컨설턴트가 될 수 있다.

○ 해피댄스 프로그램을 개발할 수 있다.

○ 해피댄스 프로그램을 적용할 수 있다.

○ 무용 강사가 될 수 있다.

○ 심리상담을 할 수 있다.

3. 사업 내용

☐ 프로그램의 개발

○ 정책적으로 미래에 유망한 직업을 바탕으로 개발

○ 수강생들의 적극적인 참여를 유도할 수 있는 프로그램 개발

○ 과정 종료 후에 실질적인 도움이 될 수 있는 프로그램 개발

○ 수강생의 만족도가 높은 프로그램 개발

○ 과정 종료 후에 전원 취업할 수 있는 프로그램 개발

○ 유관 기관과 긴밀한 네트워크 형성을 통한 프로그램 개발

□ 프로그램의 운영

◯ 지속적인 참여를 위한 체계적인 학사관리 시스템 구축

◯ 과정 진행 중 개인 면담을 통한 비전 설정

◯ 수료 후 전부 취업할 수 있도록 맞춤형 진로 코칭

◯ ○○시의 프로그램으로 안착할 수 있도록 운영

□ 모집 대상

◯ 심리상담사

◯ 심리상담 관련 종사자

◯ 무용관련 종사자

◯ 심리상담을 하고 싶은 자

◯ 무용을 좋아하는 자

◯ 무용을 배우고 싶은 자

□ 운영 인원

순서	구분	인원	업무
1	책임지도 강사	1명	전반적인 프로그램 운영
2	전문 강사	3명	수업 진행
3	보조 강사	1명	수업 보조

□ 홍보 계획

◯ 관내 관련 기관에 수강생 모집 협조 공문 발송

○ 시청 홈페이지에 수강생 모집 홍보

○ 시청 관련 홈페이지에 수강생 모집 홍보

□ 교육 일정

회차	일정	강의 제목	강사
1	월 일	오리엔테이션/ 해피댄스의 개념과 이해 필요성	
2	월 일	해피댄스지도자의 역할과 자질	
3	월 일	해피댄스의 효과	
4	월 일	해피댄스의 기능	
5	월 일	해피댄스의 이론적 배경	
6	월 일	해피댄스와 다른 심리치료와 비교	
7	월 일	해피댄스의 상담과정 1	
8	월 일	해피댄스의 상담과정 2	
9	월 일	무용 지도 방법	
10	월 일	해피댄스 실습/ 수료식	

4. 교육 수료 후 진로

□ 기대 효과

○ 해피댄스지도자가 될 수 있다.

○ 무용 코치가 될 수 있다.

○ 무용 컨설턴트가 될 수 있다.

저자 소개

심미경

저자 심미경은 성균관 대학교 무용학과를 졸업하고, 숙명여자대학교 전통예술대학원 전통무용학과를 중퇴하였으며, 각종 전통무용 공연에 참여하였다.

심미경 무용학원을 성공리에 운영하였으며, 실력을 인정받아 2002년 "청소년을 위한 무용 축제"를 기획하였으며, 2018년 "춤 가을 빛에 물들다" 발표회를 가졌으며. 현재 전국의 평생교육 기관과 대학교 평생교육원, 기업체 연수원, 문화센터에서 인생을 행복하게 만들어 주는 무용 관련 강의를 하고 있다.

현재는 한국무용치료협회를 설립하여 무용심리 프로그램을 개발하여, 무용과 심리상담과의 융합을 통하여 무용계의 일자리 창출에 기여하고 있다. 한국해피댄스협회, 한국힐링댄스협회, 한국요가댄스협회, 한국큐티댄스협회 등을 창립하고 있으며, 그에 따른 해피댄스, 힐링댄스, 요가댄스, 큐티댄스 프로그램을 창안하여 보급하고 있으며, 문하생과 후학들을 길러 내고 있다. 저서로는 「무용치료의 이론과 실제」, 「인생을 행복하게 하는 해피댄스」, 「한국 전통 무용의 이론과 실제」 등이 있다.

이영희

저자 이영희는 인천시립전문대학교 사회체육학과를 졸업하고, 현장에서 에어로빅을 보급하고 있으며, 퀸에어로빅학원 관장과 인천계양구체육회 지도자를 역임하였다. 전국의 평생교육원과 대학교 평생교육원, 기업체 연수원에서 신나는 댄스와 에어로빅을 강의하면서 보급하고 있다. 인천시 서구국민체육센터 우수강사와 국민건강보험공단 우수강사로 선정되었다. 현재는 한국해피댄스협회 부회장으로 해피댄스 프로그램을 창안하고 보급하고 있으며, 한국무용치료협회 전문교수로 활동하고 있다. 힐링댄스, 요가댄스, 큐티댄스 등의 댄스 프로그램을 창안하여 보급하고 있으며, 후학들을 길러내고 있다. 저서로는 「인생을 행복하게 하는 해피댄스」가 있다.

행복한 인생을 만들어 주는 해피댄스

초판1쇄 인쇄 - 2025년 8월 15일
초판1쇄 발행 - 2025년 8월 15일
지은이 - 심미경 · 이영희
펴낸이 - 박영희
출판사 - 새움아트
경기 파주시 문발로 214-12 1층
전화 010-3248-0515
e-mail - saewoomart@naver.com
등록번호 - 제406-2018-000048호
※ 잘못된 책은 바꾸어 드립니다.
※ 무단복제를 금합니다.

ISBN 979-11-992341-6-1 (13680)

값 15,000